U0812617

语音答问

朱晓农 著

学林出版社

图书在版编目(CIP)数据

语音答问 / 朱晓农著. —上海：学林出版社，
2018.3
(语言学热点问题研究丛书)
ISBN 978-7-5486-1311-4

Ⅰ.①语… Ⅱ.①朱… Ⅲ.①语音学—问题解答
Ⅳ.①H01-44

中国版本图书馆 CIP 数据核字(2017)第 262378 号

责任编辑 李晓梅
封面设计 严克勤

上海文化发展基金会图书出版专项基金资助

语音答问
作者 朱晓农

出　　版 学林出版社
（200235　上海钦州南路 81 号）
发　　行 上海人民出版社发行中心
（200001　上海福建中路 193 号）
印　　刷 上海展强印刷有限公司
开　　本 787×1092　1/32
印　　张 7.5
字　　数 14 万
版　　次 2018 年 3 月第 1 版
印　　次 2018 年 11 月第 2 次印刷
ISBN 978-7-5486-1311-4/H·96
定　　价 35.00 元

学理大成而乘时施行，不是很愉悦吗？但若无那时
同道之朋有远来论学，不是很开怀吗？或连朋都无
无人识理不愤青怨妇，谁让你君子呢？

学而时习之不亦说乎有朋自远方来不亦乐乎人不知而不愠不亦君子乎

学而第一　　　　竹子学译

开宗明义夫子自道处世立命儒学至道

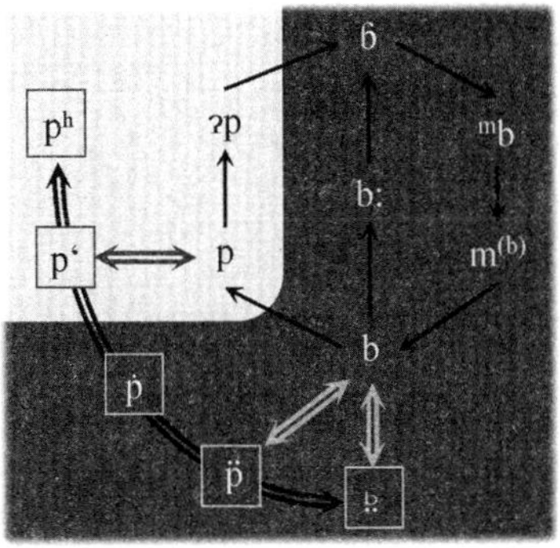

本项研究得到暨南大学华文学院和哈尔滨工业大学深圳研究生院资助。

总序

沈家煊

这一套丛书的缘起，是出于这样的考虑：长期以来，在语言学领域，我们不断学习和借鉴来自国外（主要是西方）的理论和方法，有成效，在某些方面成效还很显著，但是总的来说，还是觉得运用在汉语上不免捉襟见肘、圆凿方枘，至少勉强不自然。启功先生曾有一个比方，说小孩套圈游戏，小圈圈只能套小老鼠，印欧语“葛郎玛”（grammar）是小圈圈，套不了汉语这只大熊猫。这种感觉突出反映在一些有争议的热点问题上。有的曾经是热点，如词类问题、单句复句问题，冷寂了一段时间，但是问题并没有解决，还时时冒出来困扰着我们；有的是国外出了新的理论，用来处理汉语而形成新的争论点，比如句法成分的移位问题，音步和韵律的问题。之所以成为新的争论热点，显然也是因为新搬用的理论用起来不顺畅、不协调的地方很多。有的问题，例如主语和宾语的问题，曾经是热点，后来问题基本解决，取得共识，而新的问题又出来了，如主语和话题继而成为一个不断争论的问题。值得注意的是，主宾语的问题得以基本解决、取得共识，这是摆脱印欧语那种主宾语观念的结果。

国外的理论在不断的翻新，出来一个我们跟进一个，有时候人家已经翻新了，声明放弃原来的理论框架，我们还在吭哧吭哧按照人家那个老框架在思考和行事，有不知所措的感觉。许多人觉得这样下去总不是个事儿，想要改变现状。但也有不少人以重视和彰显语言的“共性”为理由，想维持现状，其实他们所说的“共性”是以人家提出的那一套理论为参照的，却忽略或者无视汉语的个性。共性寓于个性之中，没有语言的个性哪来语言的共性呢？近年来，国际语言学界逐渐形成一个认识，要弄清人类语言的本质，先要充分了解语言的多样性。我的同道朋友朱晓农君说，universals（共性）应该音义兼顾翻译成“有你我式”，你中有我我中有你，不是只有你没有我，对此我十分赞同。据我所知，国外很多学者也不希望我们只是跟着他们走，而是想听到基于本土语言事实提出的新见解，发出的新声音，使他们也能从中得到启发。

一百多年西学东渐，语言学领域学习和借鉴西方的努力一直没有停息，另一方面，摆脱印欧语传统观念的束缚的努力也一直没有停息。我们的前辈早已为我们指明了方向，要进一步摆脱印欧语传统观念的束缚。正如朱德熙先生生前所言，很大一部分的争论问题是由于受这种观念的影响，先入为主，以致看不清汉语语法的本来面目引起的，要是我们能摆脱这种干扰，用朴素的眼光看汉语，有许多争论本来是不会发生的。还说后之视今犹今之视昔，今天可能还在不知不觉中受传统观念的摆布，那就要等后人来纠正了。朱先生给我们留下的学术遗产中，有一个十分重要的观点，汉语的动词做主宾语的时候没有印欧语的那种“名词化”，这是摆脱干扰的一次实践，为我们树立了一个榜样。吕叔湘先生跟朱德熙先生的想法一致，在晚年向我们发出语法研究要“大破特破”的号召，要把“词”“动词”“形容词”“主语”“宾语”等名称暂时抛弃，要敢于触动一些原先不敢动他一动的条条框框。

吕先生和朱先生虽然是针对语法研究而言，为我们指出的方向却是适用于整个汉语的研究。汉语的语法是“大语法”，语言的组织运行之法，包括语音、语义和用法在内，过去按“小语法”来理解汉语的语法，这本身就是受印欧语传统观念的影响。

策划这套丛书的出发点就是响应“摆脱干扰、大破特破”的呼吁。近年来这方面的努力比较显著，有了一些新的进展，有必要做个小结，理清思路，明确方向，继续前进。这套丛书因此也可以叫“破立丛书”，每一册就某个具体的热点问题，先对以往的研究加以梳理和评析，指出破除传统观念、摆脱干扰的必要性，然后摆出新的观点并加以论证，目的是让读者明了问题的来龙去脉、症结所在，活泼思想，减少执着。这个设想有幸得到学林出版社的支持，使得想法得以实现。虽说“破字当头，立在其中”，但要真正立起来，不是件轻而易举的事情，还有艰苦的工作要做，目前书中摆出的新观点、新思想还大有充实完善的必要，甚至有修正取代的可能。

策划这套书还有一个出发点是写法，虽然讨论的是复杂的学术问题，但还是要写得浅显一点，通俗一点，尽量少用难懂的名称术语，篇幅简短一些，一个问题一个小册子，不让一般读者觉得深奥繁复，不得要领，望而生畏。当然要做到这一点实属不易，目前的面目还大有改进的余地。

我们希望这套丛书不仅对专门从事语言研究的人，不管是老将还是刚入门的新手，对广大的语言教师，包括外语和母语的教学，都有一定的启发和帮助，而且希望那些对语言问题感兴趣的朋友，那些在语言工程、信息处理、语言心理、语言哲学、社会语言学等领域的人士也能从中获得一些知识，得到一些启示。

2017 年 12 月 12 日

自 序

从语音数据到音法范畴……
说起来只是短短半句话，
认知上却是高高一座山。（竹子）

《语音答问》这本小书讨论语音学中对基本概念的最新理解，前沿研究中的最新发现，也回答一些长期以来被误解的问题。不专门谈如何学习语音知识，如何分析语音材料。所涉问题并不面面俱到，新发现多的领域就多谈些。

说“前沿新发现”，指的不是整个语音学各领域的前沿，而是“语言语音学”的最前沿，语言语音学是大语音科学中占地百分之几的小科目，不过倒是语音科学的核心部分。而所谓“前沿”就是站在语言语音学这个知识圆的圆周上，往外伸手勉强够到或稍稍够不着的地方。真要是远远够不着的“超前沿”，作者和学科就都悲催了。本书希望是最前沿，不是超前沿；不过对此我把握不大。

“语言语音学”的概念是赖福吉（Ladefoged，1971）半个世纪前就提出来的，可直到他辞世（2005），依然应者寥寥。最宏观也最基本的概念如什么是语音学、什么是音系学、两者的关系如何——这些确立语言语音学的关键问题，三十年前吵得不可开交，结果不了了之到今日。这是因为要把语音学中的物理或心理实验数据解读出语言学含义、在音法学中加以范畴化、概念化，其认知难度正如题记所云——是举首万仞一座山。

我在20世纪90年代初读语音学时就对此着迷，却苦于找不到门径（其实连门都没有，还什么径），连带着毕业后十好几年蹉跎了岁月。其间还写信问过赖福吉的高足奥哈拉，说你提倡的“实验音法学”我明白，但“语言语音学”是不是就是一回事啊？奥哈拉说大致可以这么理解。我这模糊理解加上他那语焉不详让我又迷惘了好几年。直到十年前（2006）我的田野调查大规模展开之后，才明白这就是“一套班子，两块牌子”，语音学里叫“语言语音学”（与工程语音学、司法语音学等相对），到语言学里就是“音法学”（包括音节音系学、音位学、生成音系学、音法类型学、演化音法学、基础音法学等)。更有甚者，我还领悟了“一力降十会”这武林至高真谛：在泰山压顶的材料面前，什么“华山论剑”都是花拳绣腿。

本书从“音法学”和“音节音系学”角度来摆正这些基本观念，舍此无以建立整个学科。而对这些基本观念、基本理论的整体把握，是从一个个个案研究着手的。

具体来说，先是发声态。对发声态的系统的生理物理研究始于半个世纪前，卡福（Catford 1964，1977）从喉、门两个维度分出 23 种生理发声态，拉弗（Laver 1980，1994）加以系统化，赖福吉（Ladefoged & Maddieson 1996）用了其中八种来描写具体语言中的发声态。现在问题来了，生理学和物理学上我们对发声态了如指掌，语音数据有了，音法范畴呢？

从语音数据到音法范畴……

说起来只是短短半句话，

认知上却是高高一座山。

这座山我爬了三十年，是不是翻越了，请读者诸君审阅本书第3章。国外学界如果从霍克特（Hockett 1958）认识到发声态的重要性算起，已经爬了整整一甲子，还在爬，还越爬越没方向感。我不知道这时候该鼓励他们加油好，还是劝他们读读我的书更厚道。

然后是声调，一百多年来的标准定义认为：声调就是区别词义的音高。但这错了，而且错得离谱（见4.1节我的自我批评）。所以声调研究尽管开展很早，但却进展不大。别看它很热闹，在理论音系学中四十年来大热阵阵，理论滔滔，但由于上错基本概念，中缺类型框架，下乏实验材料，因此远远做不到描写的充分性，更遑论理论充分性了。所以那数不清的理论狂潮，涌起得快，泄洪也早。而我心目中的科学的声调研究，材料要过硬，理论要能持久产生课题。

当我们对发声态和声调的看法改观之后，突然发现原来还有那么多那么多的空白地带，有新的领域如声调的发声态成分、长中短三分时长、类型与分布、起源与演化，等等，也有与已有元辅音概念交叉的领域，辅音的重新分类，还有音法与词法、句法的界面等。可以说，像赖福吉那本原本世界通行的《语音学教程》（1973初版，2010第6版），现在需要增加一倍篇幅才够通用。而且更重要的是，由声调和发声态的新发现引起了对整个语音学基本框架的改变。语音学一百几十年来一直被认为是个应用学科，有材料有技术但无理论，现在从声调和发声态新理论出发，我们有了一个综合性的语言语音学基本理论架构（Zhu 2017a，2017b）。

这篇序写得有点感慨，而感慨我通常是放在跋里的。这下序占跋巢，跋不知写些什么好了。

朱晓农

2016 年 10 月初稿

2017 年 6 月定稿于**不知处**

目　录

什么是定义——代引言

名不正则言不顺。（论语·子路）

言不顺则理不明。（竹子）

本书以问答形式解释语音学里的基本概念、理论框架等。问得最多的问题是“什么是 X”，其次是“X 是什么”，还有少量“怎么样”和“为什么”的问题。

先提一个问题：“X 是什么”和“什么是 X”，这两个问题有区别吗？或者更具体一点，把“声调”代入 X。“什么是声调”和“声调是什么”，有区别吗？

吕叔湘先生（1984）有一篇精悍短文《谁是张老三？张老三是谁？》。吕先生说：“谁是张老三？”有两种作用，或者是要求指出张老三这个人，或者是要求说明、描写张老三这个人的性质，而“张老三是谁？”则没有前一种要求指认的作用，只有后一种要求描写的作用。与此不同的是，“什么是爱情？爱情是什么？没什么区别”。也就是说，张老三那个问题涉及指认和描写两种情况，而爱情问题只涉及说明描写其性质。

让我说得更清楚一点。

1）为什么张老三问题可以用指认方式，也可以用说明方式去回答，而爱情只能用说明描写一种方式去回答？

2）声调是张老三呢，还是爱情？

——这问题不是矫情吧？

要回答第一个问题，得先明白什么是事物的“本质”特征？如何确认事物的“本质”？这是我们最喜欢说的话：“本质”！“本质”！“透过现象看本质”！那么，什么是“本质”呢？那就各说各理了！——这其实涉及“逻辑定义”。

逻辑定义包括外延定义和内涵定义。外延定义一般只用于小封闭类，内部性质或不很一致。如代词是什么——“我你他，再加们、自己”，大致完备了。不过，由于大部分集合不是那种小封闭类，所以外延定义法作用有限。

逻辑定义主要指内涵定义。事物有各种属性，其中有一个是所谓“本质”属性，也就是亚里士多德的essence。那什么是“本质”属性呢？有很多哲学书、方法论论著讨论这个本质属性，很繁复，让人不得要领。其实，本质属性很简单，就是给出逻辑定义。而所谓逻辑定义，就是属加种差。但你要能指出所考察事物的属和种差，就得先有一棵如下图的逻辑分类树，“指认”就是按图索“张（老三）”。

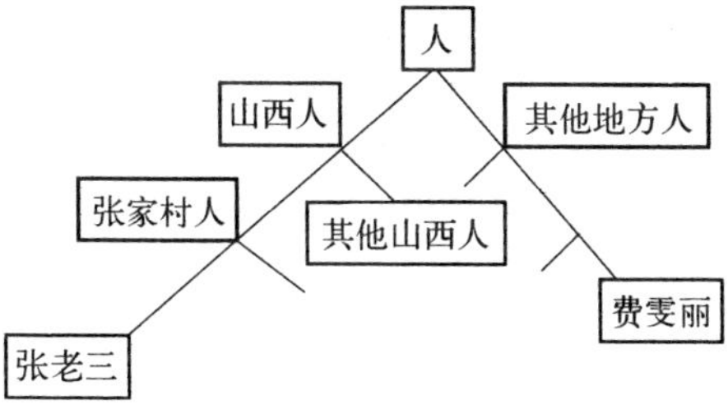

图 1　按图索“张”

但问题是要画逻辑树，得先有个类型学，有个分类框架。可惜现在既无跨语言的声调类型学，又无语言内的音法分类系统，尽管声调研究了 100 年。在逻辑分类系统/类型学没做好之前，谈本质属性都是谈玄。

内涵定义明确指出了对象的性质。有些看似内涵定义其实是描写性的，“什么是爱情？”你得描写（可能连描写都不是，见下）。内涵定义的基础就是类型学，“门纲目属”，有个逻辑分类框架或逻辑分类树。在这棵树上，我们可以轻松“指认”张老三。但是我们没法画一棵开着爱情花的分类树。

所以，本书中的问题如果问的是“什么是 X”，那么我可以很有底气地指认，我有个类型框架可以定义；

但如果问的是“X是什么”时，我的回答有点羞羞答答，可能有点忽悠，我无法进行逻辑定义，只能多加几个定语来说明。

今天我能写《语音答问》，是因为大部分问题问的是“什么是X”。要是退回几年，恐怕大部分问题都是“X是什么”：“语音学是什么”“声调是什么”“音节是什么”“发声态是什么”等等等等，当然那时候要写《答问》，或许只能写成《天问》。

让我铺陈开去讲一下思维特征和定义类型。我把思维方式分为五类，如下：

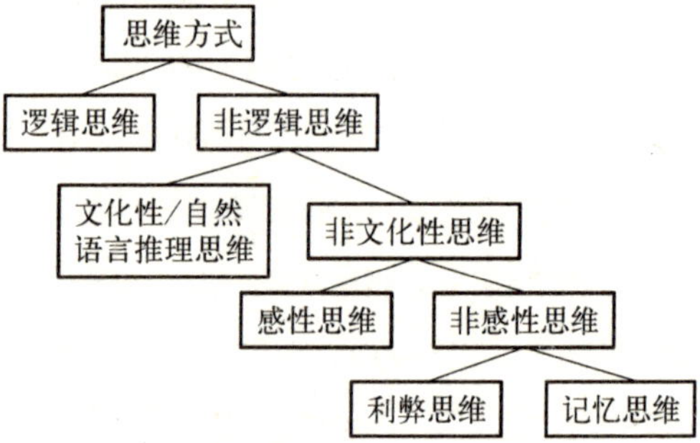

图2　思维方式分类树（据朱晓农，twitter）

图2表示，五种思维方式中第一种是逻辑思维，另四种可以但不必遵循逻辑。非逻辑思维中有一种是文化性思维，即在使用自然语言时遵循语法所蕴含的自然逻辑（natural logic）来进行思维，另三种非文化性思维可

以但不必用自然语言来进行。它们的原型或初级形式是生物性、先天性、遗传性、跨物种的非语言思维方式；其高级形式也使用了语言来进行思维。感性思维包括很多小类。记忆思维的初级形式是条件反射，高级形式是类推和归纳。

下面来看三种定义，各自按照不同的思维方式构成：

一）爱情是生死相依。/爱情是人类最美好的感情。/爱情是凌霄快感。/爱情是文学的永恒主题。/爱情是肾上腺素激增。

二）声调是音高在语言中系统地用以区别词汇意义、具有音位意义、落实在音节上并多于两个的类别。（朱晓农 2010a：272）

三）声调是音节的非线性成分，与音节的线性成分（音素组合）对立。

第一种“感性定义”是感性思维的产物，不同的人对某事物有不同感受、从不同感性认识出发提出的某项特征。这种“定义”当然还算不上定义，至少不是逻辑分类中的定义。

第二种“描写定义”，是一种介于感性认识和逻辑定义之间的、用基于记忆的类推/归纳思维得到的描写性定义，它归拢了一连串东比西比得来的非区别性特征。比如把声调跟情感音高比它有音位意义，跟句调比它有词汇意义，跟重音比它有至少三个类，跟唱歌或咳嗽比它用于语言，跟偶然区别词义的音高比它是系统的——比了一连串不在同一个逻辑系统中的东西。

第三种“逻辑定义”基于用逻辑思维得到的逻辑分类系统。声调的上位单位是音节，作为音节的下属成分——非线性成分——与另一种下属成分——线性成分对立。

我们举个例子来看第二种定义和第三种定义的差别。给黑猩猩下的描写性定义（即第二种定义）是：有很高智力的动物，成年雄性体重约 60—80 公斤，毛色黝黑，前肢可长于后肢，四肢行走为主，草食为主的杂食性动物，等等。而对黑猩猩的逻辑定义则是：灵长目人科黑猩猩属；与同属倭黑猩猩相比，体重和脑容量都显著大于倭黑猩猩（跟图 1 性质完全相同）。属加种差，直截了当，明确而无歧义。

逻辑定义能回答“什么是 **X**”的问题，感性认识和描写定义只能回答“**X** 是什么”的问题。

解决了最基本的定义问题，下文就来介绍对语音学中最基本概念的最新理解和最前沿新发现，还回答一些长期以来被误解的问题。所涉问题并不面面俱到，新发现多的领域就多谈些。

1. 什么是语音学？

语音学和音系学的关系，就像一对恩怨男女，单身难熬而同居磨不合——看这次复婚了。（竹子）

1.1 最新进展有哪些？

一般来说，开卷总是要先回答一般性问题如“什么是语言语音学”“什么是音法学”，本书原本也是这么开局的。但定稿前发现，逻辑上要先写最新进展，才能顺理成章地用最新认识去回答“什么是音法学”等问题。

从 20 世纪 70 年代末开始，近四十年来语言语音学在以下五方面取得了极大的进步。

1.1.1 辅音大发现

发现并认定了很多新的辅音，尤其是非肺部气流的辅音，这引起了音标表，主要是辅音表在四分之一个世纪中的五次修订（1978～2005）。而此前半个世纪只有1952年有过一次修订。

1.1.2 元音重新定义

元音的属性得到重新认识。元音原来用两条生理标准来定义：(a) 外部标准是与辅音相对：口腔通道比辅音宽，气流外出时不会产生噪声；(b) 内部分类使用三个生理参数：高低、前后、圆唇性；由此构成一个生理四边形/三角形空间。现在已被两条新标准取代（IPA 1999）。第一，元音定义还引进一条音法标准，或者更具体点，音节学标准，用作音节的核心——韵腹。第二，元音空间由头两个共振峰来定义，因此成了声学空间。

1.1.3 发声态音法化

发声态作为一个新领域吸引了众多语音学家。一开始是从生理和声学方面进行研究（Catford 1977；Laver 1980），并辨认出七八种附着于辅音的生理发声态（Ladefoged & Maddieson，1996）。最近几年，我们在音法学内发现了六类十四种作为音节属性的音法发声态系统（朱晓农 2011a，2014；Zhu 2015a，b）。这一发现改进了辅音分类，产生了新的声调模型，重构了音节，并最终重塑了语音学架构。

1.1.4 声调认识的突破

声调研究开始于20世纪初（Bradley 1909，1911，

1915；Jones 1912，1918；赵元任 1922，1928；刘复 1926），不过直到朱晓农的《语音学》（2010）出版，一百年来对声调的认识依旧停留在声调等同于音高上，其上位概念不确定，一个流行说法是承载声调的单位是“声调承载单位”TBU（Tone Baring Unit）。近年来对于声调的认识已大大推进，从声调的属性、成分、结构、类型、分布、起因、演化、连调、界面，可以说是全面改观，到朱晓农（2014），一个成熟的音节-声调模型已经建立。目前我正在写一部《声调论》，揭示声调异乎寻常的复杂之处和超乎想象的有趣之处。本书第 4、7、8 章会介绍一些最新成果。

1.1.5 语音学有了基本理论

语音学中最重要的进展是“语言语音学”（Ladefoged 1971）这一概念的成熟，并由此发展出一个理论框架（朱晓农 2011a，Zhu 2015a）。赖福吉（2006）为语言语音学抽象出一个理论框架，这是以往一百年所没有的。朱晓农（2008b，2011a）改进了这个框架，把语音学的初始单位从以往的音段改为音节。这些理论工作推进了我们对语音学的理解。

语音学一直缺乏一般性理论。传统语音学有一对基本范畴：音段-超音段，假想式地表达在图 3A 中，以音段为主，辅以超音段。模式 A 对处理欧洲、阿尔泰、乌拉尔、阿拉伯这些音素主导型语言来说是够用的，是一种简化的方便做法。这些语言中发声态种类很少，仅有的清声、振声、送气都便宜行事处理为辅音区别了，如p，b。而超发声态的音高和长度的两度区别就便宜行事处理为元音的轻重音和长短音了。

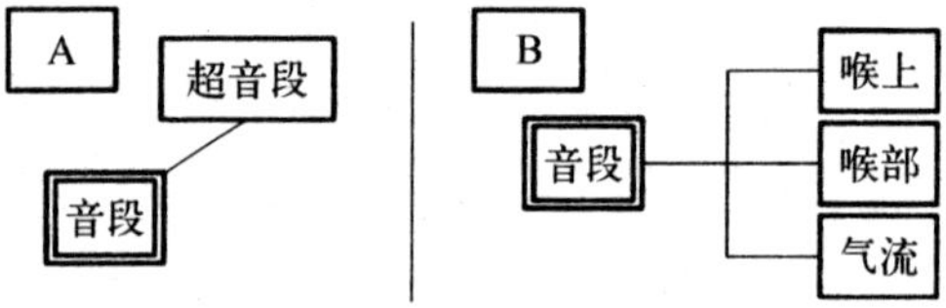

图 3　A 假定的传统语音学基本框架
B 赖福吉框架

赖福吉出道后把考察对象扩大到西非和印度语言，便发现模式 A 捉襟见肘了。非洲语言中有䎻（zhōu）音、喷音、内爆音等非肺部气流音，所以得增加一个气流维度。中/西部非洲和印度有气声、喷音、内爆音，所以还得增加一个喉部维度。结果赖福吉（Ladefoged 2006）就把语音学的基本框架设定为图 3B。依然以音段为根节，下辖喉上（调音部位和方式）、喉部（七种发声态）、气流（三种非肺部辅音）。模式 B 实际上是把卡福（Catford 1977）所定义的发音三过程（气流启动、喉部发声、喉上调音），图式化后作为刻画音段的三个特征结。

这个框架还有很多地方有待改进。首先，各个因素之间的逻辑关系不明确。比如喉上特征本身就是音段特征，而喉部特征在传统语音学中被认为是附加性特征，跟喉上特征不在一个层次上。模式 **B** 最大的不足是：喉部即发声特征往往是跨越音段的，而不是附着于某一音段的。赖福吉等（L&M 1996）把喉部特征附着于塞音之下，这明显错了。嘎裂声、弛声、假声主要表现在韵母上，而不是在声母上，更不是在没有指明音节位置的塞音上，比如韵尾的辅音不显示这些发声特征。再说，声母位置上的响音，甚至振擦音，都比声母塞音更能显示上述发声特征。最极端的例子是零声母字，它们没有声母辅音，却照样有发声态区别。

如果考察对象进一步扩大到东/南亚最复杂的声素活跃型语言——平仄型声调语——时，就会发现框架 B 中更多更严重的问题。亚洲东/南部（还有非洲中/西部）的语言是口鼻调音和喉部发声并重的声素活跃型语言。因此，语音的基本范畴就不能以音素为中心了，而应调整为音素和声素两个范畴，把它们都当作基本单位音节的直属成分或 IC（immediate constituent，那是结构派术语，借用到音节成分上），见下图 4。

声合即声素组合，音合即音素组合。音合下辖声韵母。如果不习惯音合这个叫法，那可以管音节叫大音

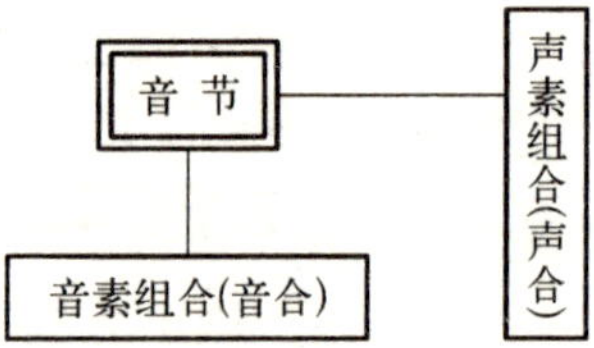

图 4　语言语音学/音法学的基本架构

节，音合叫小音节。或者如图 5b，声韵母之上是“音节”，声调之上是“声节”，再上面的根节 X 可以叫“音声”“声音节”；而“声音节”可以快读成这样子：

Shengyin-jie（合音>）Shin-jie（调整声韵搭配>）

Xinjie（缩写>）X（图中 X 的来历）

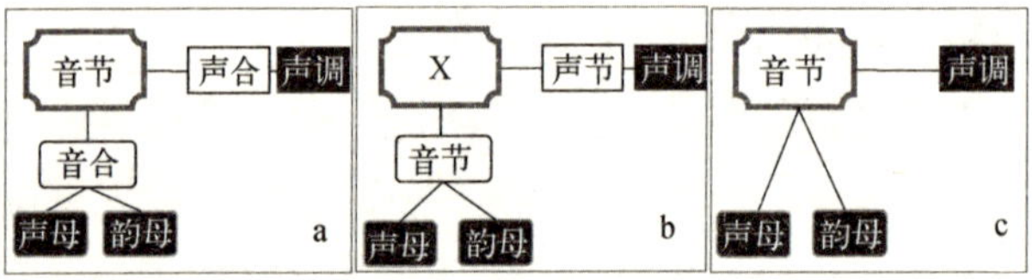

图 5　音节及其成分的命名

那么能不能省去音合、声合，音节直接如图 c 那样三分为声韵调呢？这是古人流传下来的、非逻辑分类的做法。音合和声合的种差是线性/非线性 IC，直接三分使得声韵调处于同一层级，把［±线性］这个逻辑标准抹杀了，也就破坏了逻辑分类系统。

以上所论只是名称问题，不是实质问题。实质问题是事物的本质，而事物本质是靠逻辑定义来揭示的，逻辑定义就是属+种差，而属加种差就显示在图 a~b 中有层级的逻辑树结构图中。也就是说：

> 音节及其成分是以结构定义的形式单位。它们与物理、生理、心理现实有对应关系，但不是以后三者来定义的。

1.2 语音学是如何发展的？

1.2.1 语音学有几个阶段？

语音学是一门研究人类语音的学科，按照它自身的发展来看，可分为四个阶段。它跟语言学的关系则是随时间而分合不定。

语音学的第一阶段是从古代到 19 世纪末的传统语音学阶段，绵延两千多年。第二阶段从 19 世纪 80 年代起到 20 世纪 70 年代，近一个世纪。第三阶段从 20 世纪 70 年代到 21 世纪初交替，约三十年。第四阶段则是最近十多年（见表 1）。

第一阶段：最早在 2 300 年前的印度和希腊就出现了古典语音学。中国如果从汉末的反切出现算起，不到两千年。阿拉伯的语音学出现还要晚几百年。

表 1　语音学四阶段及与音系学的关系

年代	阶段	语音学	音系学	
公元前	1	传统语音学/传统音韵学		合
		Phonetics 语音学	Phonology音韵学/音系学/音法学	
			历时音韵学：历史比较语言学	
1880s		赫姆霍兹共振管，声调感知/斯威特《语音手册》		
1886/1988	2	IPA协会/IPA音标		分
1910–1920		Bradley，Jone，刘复声调研究		
1930			共时音系学：音位学(前期形式音系学)/赵元任五度制	
1940		声谱仪/Fant元音理论/Joos《实验语音学》		
1950		雅各布森区别特征	Hocket重视发声态的语言观	
1960		Catford生理发声态	后期形式音系学SPE/王士元声调区别矩阵	
1970	3	辅音大发现开始/Henderson声调综合体观点	语音学+音系学：赖福吉语言语音学	
		语音科学	泛时音法学：拉波夫变异语言学/奥哈拉实验音法学	
1980		Laver生理声学发声态	朱晓农“泛时音韵学”	
1990		赖福吉从语言语音学辨认发声态，语音类型研究，元音音节定义/朱晓农提出分域四度标调制		
	4	音法学(语音学+音系学，历时音韵学+共时音系学)		合
2000		赖福吉语言语音学成熟/朱晓农音法学概念/音节音系学/音法发声态系统/分域四度制成熟		
2010		朱晓农调型周期表(调型库)/声调演化律/声调起因论		

中国古代语音学就其宗旨而言属于古典语言学——语文学，以协助读经解经、科举为目的。在近两千年中它有两个高潮期。第一个高潮期出现于自南北朝后期经隋唐至宋初的中古汉语期，中古早期出现了韵书，晚期出现了字母（声母）和韵图。第二个高潮期是由顾炎武奠基到乾嘉为鼎盛的清代古音学。这两个时期不仅是语音学的高潮期，还是传统学术的高潮期。第一个高潮期的语音学位居五明之首（声明/语音音韵学、因明/逻辑学、内明/佛学、工巧明/工学、医方明/医学），而五明之学是第一次西学东渐/西天取经的主要学问。第二个高潮期更不用说了，顾炎武以创立古音学范式而成为传统学术中最伟大的学者，没有之一（朱晓农 1986, 2008a）。传统学问都是越古越尊，唯古音学奉行“前修未密后出转精”（江有诰）的工作准则，从而最为接近现代经验科学。梁启超（1985：22）说：“乾嘉间学者，实自成一种学风。和近代科学的研究极相近，我们可以给它一个特别名称，叫作‘科学的古典学派’。”

19 世纪初出现的历史比较语言学，标志着历时音韵学的开始，同时也是现代语言学的发端。不过，此时的语音学还在古典期，现代语音学仍在草创中。

第二阶段：现代语音学的诞生可以 1886 年国际语音学会成立（IPA /International Phonetic Association）及

1888 年国际音标发布（IPA /International phonetic Alphabet）作为标志。这个阶段延续了九十年左右，期间根据和语言学（主要是音系学）的关系可分为前半期和后半期。

2a）前半期（19 世纪 80 年代到 20 世纪 20 年代）：现代语音学一开始主要做两件事，语音教学和语音描写。这是从发音器官的角度来研究语音的发音语音学（articulatory phonetics）。一个世纪来，语音学一直被认为是个应用学科，除了语音教学和描写，还用于词典编撰、言语矫治、声乐表演、翻译、拼音和文字改革等等。主要工作是对音素（元音、辅音）进行描写和分类，附带着也涉及重音和长短。声调研究在此期间开始出现。

2b）后半期（20 世纪 30 年代到 70 年代初）：语音学开始从口耳之学向实验语音学过渡，声调研究成形，发声态开始受到注意。这一时期有一件大事发生，那就是音系学从语音学中分裂出来。

第三个阶段是从 70 年代开始到 21 世纪初。这三十年中语音学发展迅速，远远超出最初的教学和描写宗旨，成长为一门综合性的“语音科学”（phonetic sciences），包括很多交叉学科，例如工程语音学、病理语音学、司法语音学等。不过发音语音学（也是实验的）仍是这个语音科学的核心分科。在这阶段，辨识了很多新辅音，盘点了音素库藏，发声态的生理和声学研究趋于成熟，并开始认识到声调和发声态的不可分割性。在此阶段，出现了弥合语音学和音系学的“语言语音学”观念，以及整合历时和共时研究的“泛时”观念。

第四阶段等讲完语音学和音系学关系之后再谈。

1.2.2 语音学和音系学是什么关系?

语音学和音系学像一对恩怨男女，
分手单身难熬，同居磨而不合
——看这次复婚了。

语音学和音系学之间的恩恩怨怨，有过很多争论，20 世纪 80 年代还出了专门论集。不过总括起来，也就一个“天下大势”：“合久必分、分久必合”。最早在西方和中国两者都是混而不分的，一定要说有什么不同，大概中国是从音韵/音系角度来理解、表达语音概念，比如声母就相当于辅音；西方是从语音学着手来解答音韵/音系问题，比如音节构造就是 CVCV。东西方对错半斤八两。这种无区别状态一直延续到语音学第二阶段的前半期现代语音学和语言学出现，这个阶段的语音学是语言学的一部分，古典时代不用说了，哪怕 19 世纪，当时的语言学——历史比较语言学——研究的就是从语音分布差异着眼探寻来源。

然后共时音系学登场了，先是索绪尔在 20 世纪初进行了理论阐述，但臻于成熟的系统分析则要从 30 年代特鲁别茨高依、布龙菲尔德、赵元任算起。这也是语音学第二阶段后半期的开始。从那以后一直到第三阶段结束，语音学想主导音系学而力有不逮，结果被赶出或独立出语言学；音系学则标榜“独立”“自主（autonomous）”而最终举步维艰。这是两者闹“离婚”的灰暗年代，我倒是觉得是火花四溅的新观念催生期。

在音系学家眼中，不管是前期的音位学家还是后期的生成学者，都只认音系学是语言学的分支，而把“纯”语音学打入物理学。前期音系学家把音位学看作是“功能语音学（functional phonetics）”（Trubetzkoy 1939；Martinet 1949），“功能”指的是音位的辨义性。这个定语现在看来没必要，因为“语言语音学”本身定义就是研究语言中（潜在）起作用即有（潜在）功能的语音。从方法和目的来看，音位学和生成音系学都是力图挣脱语音学的形式主义音系学，如赵元任（1959/1980：175）很早就说过：“有许多语言学家，根本不拿实验语音学认为是语言学的一部分。”Anderson（1981）认为音系学跟语音学没直接关系，音系学建立它的核心原理不用参考语音学。Foley（1977）用不同派生表现来定义音法强度，以此证明音系学主要概念的定义不需要语音学（朱晓农（1989）曾用音法强度和词汇扩散两个概念来研究汉语历史上的腭化和非颚化的对抗演变，的确很好玩）。下面这句话反映了20世纪音系学家的主流观念：

> 语音学的终点，是音系学的起点。(Sommerstein 1977)

为解决双方的矛盾，赖福吉（1971）提出个“语言语音学（linguistic phonetics)”的概念，而奥哈拉（1986）则尝试了“实验音法学（experimental phonology)”的路向——两者大体上是一套班子两块牌子。双方阵营想拉近彼此距离的态度是真诚的，头号语音学家赖福吉和头号音系学家哈莱还合作写了一篇文章（Ladefoged & Halle 1988）登在 *Language* 上，不过收效不大。

1.2.3 第四阶段有什么特点?

最近十年来是第四阶段，语音学中的一支，由赖福吉（2006）倡导的“语言语音学”趋向成熟，标志就是1.1.4节中说的有了基本理论。这个阶段的语音学重返语言学，但它不再是野心勃勃或霸气十足地去主导音系学，而是自觉自动服从于语言学的语言语音学、融合了音系学，并发展出类型学和演化学的音法学。套用一句名言——of linguistics，by linguistics，and for linguistics（语有、语治、语享）——是一种属于语言学、服从语言学、为语言学服务的语音学（Zhu 2015a，b）。这就是为什么语音学的基本概念（如元音、辅音尤其是近音）可以用音节身份来协同定义，为什么音系/音韵学（不管是共时音系内部、还是跨音系、还是历时研究）应该也能够在语音学基础上来开展。

语音研究和音系研究，以及两者的关系，定义了两对范畴：语音学 vs 音系学，历时音韵学 vs 共时音系学。在新千年语音学的第四阶段，朱晓农提出的音法学，把这四个领域融合为一，以统一的原理、统一的方法来研究语言学中的语音问题。

1.3 什么是语言语音学?

语言语音学是语音科学中的一个分科，和工程语音学、心理语音学同等对待。这是一个语言学与语音学的交叉学科（见图 6），是一门用实验手段来提出和解决语言学问题的语音学科。它只占大语音学的很小一角，不过却是语音科学的核心部门，是其他语音学科的认识基础。

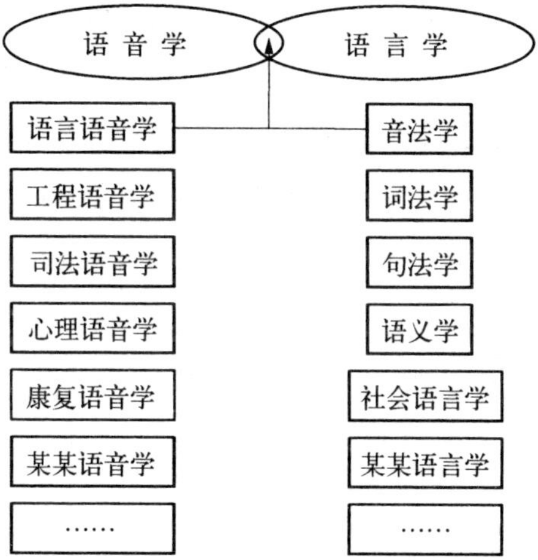

图6　语言语音学和音法学

广义的语言语音学有六个分支：发音语音学、声学语音学、听感语音学、音系学、音法类型学、演化音法学。狭义的语言语音学就包括前三个分支，这也是传统语音学的范围。不过现在既然研究语音的领域扩张为语音科学，那么语言语音学对这三个分支的研究就要有所约束，因为它毕竟不是生理学、声学、空气动力学本身。它要研究的问题必须照应后三个分支的问题。也就是说，语言语音学研究生理学问题、声学问题等，但要与认识语音的构造、格局、分布、演变有关。它要找出一组生理、声学参数，可以用来对音系格局、音节结构、自然类形成、音法派生过程、跨音系分布、共时变异和历时演化等做出充分描写，甚至充分解释。总之，有了前三分支的研究，才使后三个分支的深入成为可能。而反过来，正是有了后三分支的目标，才使得前三分支的研究显得必要。换句话说，研究语音的性质，不能不关心语音的系统、功能、分布、类型、演化。这不但是个“理论联系实际”的问题，也是研究能否深入，甚至能否成立的前提条件。否则就不是“语言学的语音学”了。

1.4 什么是音法学?

如表 1 所示，语音学与音系学的关系，定义了两对对立范畴：语音学 vs 音系学，历时音韵学 vs 共时音系学。我们提出的“音法学”把这四大范畴统一到一个领域中。

语言学和语音学交叉的领域在语音科学中叫语言语音学，到了语言学里就叫音法学。广义的语言语音学和广义的音法学所指为一（见图 6），只是不同领域中的不同招牌。它们的外延相同，共包括三大块六个分支。**狭义的**语言语音学包括下面前三个分支：发音语音学、声学语音学、听感语音学；而狭义音法学则包括后三个方面：音系学、音法类型学和演化音法学。

表 2　音法学分支

<table>
<tr><td rowspan="6">广义音法学即广义语言语音学</td><td rowspan="3">I. 基础音法学</td><td>1. 发音语音学</td><td>研究语音的生理属性</td><td rowspan="3">狭义语言语音学</td></tr>
<tr><td>2. 声学语音学</td><td>研究语音的声学属性</td></tr>
<tr><td>3. 听感语音学</td><td>研究语音的听感</td></tr>
<tr><td rowspan="2">II. 共时音法学</td><td>4. 音系学</td><td>研究音系内部构造</td><td rowspan="3">狭义音法学</td></tr>
<tr><td>5. 音法类型学</td><td>研究世界语音的分布共性和变异</td></tr>
<tr><td>III. 演化音法学</td><td>6. 演化音法学</td><td>研究语音的自然演化</td></tr>
</table>

第四个分支，语音在具体语言中的组织结构一向是形式音系学（包括音位学和生成音系学）的研究对象。音法学中的音系学有两点与形式音系学不同：第一是研究音系构造，以实验语音学为必要基础，用实验语音学来检验；以往一百年对此是完全忽略、甚至排斥的。第二是以音节作为基本单位；以往一百年先是以音位，后又以区别特征作为基本单位。

1.5　什么是发音？

发音由发音语音学研究，主要是生理属性。发音对应 articulate，有三个意思。广义的发音即语音的产生，包括发音所有三个过程：启动、发声、调音。中义的发音去掉启动，包括发声和调音。狭义的发音等于调音。

发音器官也有相应的三种意思：狭义的发音器官等同于上声道内的调音器官，中义的把喉部也包括在内，广义的则把肺和气管也包括在内。中文术语现在定义得比英文术语更为精密：发音用作中义，即包括发声和调音。狭义的发音叫调音。广义的发音很少用到，就用语音产生。语音产生中的产生是广义发音的书面形式。语音产生不同于语音发生，后者指起源。

启动发音的动力是气流。气流的动力源主要来自肺部，世界语言中绝大部分的语音都是由肺部往外呼气作为动力来发的。发声指的是发音时的声门活动，即从肺部呼出的气流在经过喉门时所进行的调节活动，结果造成不同的声质。调音过程指的是上声道内调音器官唇舌齿腭等的活动。从肺部呼出、经喉部调节带有某种声质的气流在上声道内进行“音色调制”，从而产生不同的音质或音色。

1.6　什么是语音单位？

进行语音分析先要确定被分析的语音单位或发音单位。传统语音学以欧洲语言为对象，认为基本单位是音段，包括元音和辅音。此外还有超音段，包括音高和音长（音强未音法化）。不过，从全世界语言来看，需按中义“发音”的含义，把发音单位分为发声单位和调音单位。调音单位是音素，发声单位是声素。音素很容易理解，即元音、辅音。声素包括 14 种“发声态”（聚成六大发声类），再加“超发声”（包括音高和音长）。东/南亚洲和中/西非洲的语言是发声活跃型语言，声素种类很多，无法用传统的超音段来概括。而欧洲、阿尔泰、阿拉伯等语言是调音主导型语言，声素种类很少，可简化为超音段（suprasegmental），算作音段的附加色彩或“上加成素”（这是赵元任“信达雅”的译语，比现在流行的硬译“超音段”好）。

表 3　发音单位：音素和声素及其音节身份（最右栏）

<table>
<tr><td rowspan="3">调音单位</td><td rowspan="3">音素</td><td>元音</td><td>高元音、低元音等</td><td>韵腹</td></tr>
<tr><td rowspan="2">辅音</td><td>响音：鼻/边/日/搭拍/近音</td><td>非韵腹/韵腹</td></tr>
<tr><td>阻音：爆发/塞擦/擦音</td><td>非韵腹</td></tr>
<tr><td rowspan="3">发声单位</td><td rowspan="3">声素</td><td rowspan="2">六大发声类</td><td>常规发声类：清/振声</td><td rowspan="2">上域、常域、下域</td></tr>
<tr><td>非常规发声类：假/张/僵/气声</td></tr>
<tr><td>超发声</td><td>音高和音长</td><td>声调、重音、长度</td></tr>
</table>

发声态由发声活动造成，超发声（即过去所说的超音段）也是由发声活动造成的。传统的语音学对发声活动的语言学功能了解有限，只知道清声/振声/送气、超音段，并把它们分别看作塞音和元音的附加特征。这只

是一种**欧美特色**的因地制宜，而不是系统理论。

还有一个概念需要提及：发音初始态。它分调音初始态和发声初始态（朱晓农 2004），各自定义为：（1）调音初始态指嘴唇微开或微闭，舌位适中，此时声道为一均匀管子，无明显收缩点，发出的音为底伏元音ə。（2）发声初始态指声带处于不松不紧的常规状态，发出的声调为分域四度制里常域的底伏度｛3｝度。

从发声自然状态到放松状态的过程便产生了最自然的音高，四度制里表达为常域低降调｛32｝。这个最自然的声调即元调或底伏调。元调｛32｝是最基本的拱形，是任何声调语中都有的，一般作为某个调位的同位调出现，绝少作为调位。

这里定义的元调是最自然的、最无标记的调，但不一定是最容易调控以造成区别的调，即不是最常见、最普遍的调位。最容易调控并成为调位的拱形是平调，它的区别度大于仄调，所以一个语言中最多可以有四个常域平调，甚至五个（如果有两个声域）、六个（如果有三个声域），超过降调数（最多五个）和升调数（最多四个）。同理，生理上最自然、最无标记的元音是ə，但语言中区别度最大、因而在各种音位系统中最常见的元音是a。

2. 什么是音节?

音节是音法学中的初始单位，就像家庭是社会学中的基本单位一样。（竹子）

2.1 什么是音节?

音节是音系学中的初始单位、最基本的单位；它是一个结构单位，由音合和声合组成。

音节不但是音系学中的基本单位，也是音法学其他分支如音法类型学、演化音法学，包括历史音韵学的初始单位。

音法学中的其他概念都可以用属加种差来进行逻辑定义，但音节却是倒过来由它的构成成分来定义，这不奇怪，因为它是音系中最基本的概念。最基本的概念实际上是用不着定义的，比如正整数的初始单位“1”，可定义为“1是一个正整数”。然后，“2等于1加1”“3等于2加1”，如此等等，所有正整数都可得到定义。

在汉语语言学中音节还是个枢纽性单位，是连接语音学和音系学、音系学和语法学、语言和文字的枢纽。

语感上能从语流中分离出来的最小的单位就是音节。抛开学术研究不论，说话人对于本族语的音节是具有直感的。任何原始民族，任何没受过教育的人，一般都能从本族语的语流中分辨出音节数目。这在像汉语这样的单音节语素的语言中尤为明显：它是一个在话语中前后可以自由停顿的最小语音单位。音节的这种直感性直接反映在所有独立创制的书写系统中，世界上原创的文字基本上都是音节文字。字母文字是后起的，最早的字母文字古希腊文字，是3000多年前从迦太基音节文字中发展出来，每个字母表示一个元音或辅音（Petersen 1931；Gelb 1952）。音节在所有语言中都是一个最自然的发音单位，也是一个听感上最显著的单位，容易辨识、分离。

学者们起初想从语音学角度来定义音节，但并不成功。后来又使用响度标准从音系学角度来定义，每个音节有且仅有一个响度峰，但碰到两方面的困难。第一，像 *strikes* [straɪks] 这个音节，声母和韵尾中的配列都违反响度原则。响度阶由高到低的排列是：元音>近音>边音>鼻音>擦音>爆音。在 [straɪks] 这个音节中，[a]

是响度巅峰，然后向两边下降，按说最两端的两个音是在响度谷底，但实际上两边的谷底分别在［t］和［k］上，最两端的两个［s］响度有所回升。第二，音节的界限有时不清，如 *Philip*［fɪlɪp］这两个音节怎么切分？中间那个 l 属上还是属下，就很有争议。

音节难以定义并不意味着不能使用这个概念。如上所述，最基本的单位可以不加定义。不过我们也可用两种方法给出定义。一是从音节学内部有点同义反复地把音节定义为：音节是由音合（音素组合）和声合（声素组合）组成的具有层次结构的音系学的核心、初始单位。音合和声合是音节的两大直接成分。它们的下属音节成分包括介音、韵体、韵腹、韵尾等线性成分以及非线性成分声域、长度、音高。音节及其成分都不是以语音学标准来定义的，而是靠层级结构中的位置来定义的。

第二种定义是层级性响度定义：每个音节有且仅有一个响度峰。以往的响度定义之所以难以成立，是因为有个错误前提：认为音节成分是线性排列的。但实际上音节内部有层级结构，音节成分不在一个层次上。先撇开声合，［straɪks］这个音合由复声母［str］和韵体［aɪks］构成，唯一的响度峰处于韵体内的韵腹［aɪ］上。至于复声母和韵尾中的音素排列，只要不超过韵腹响度均为可接受。

2.2 什么是音节学?

音节音系学是基于音节的音系学，或者说是“音节本位音系学”（简称音节学），就像音位学是基于音位的音系学。它是狭义音法学的第一个分支，研究的是具有语言学功能的共时语音的范畴与组织。音节学是看到基于音位或区别特征的音系学有严重不足才提出来的。(朱晓农 2008，2010c)

音系学关注的是哪些音段、发声态和韵律特征被用于语言学目的，在表达语言意义时它们又是如何组织起来的。语音学里的辅音、元音、基频、时长、发声态等进入音系学以后各自担当什么音节角色，它们的搭配关系如何。要研究音节学，首先要学好语言语音学。在音节学内，先要掌握基本概念“音节”。其次，要掌握音节成分如“声母”、“韵母”、“声调”等概念，还有声韵成分的搭配序列、音位、区别特征、规则、表达式等。总之，要学会在一个语言/方言中：1）确定音节成分有几个声母、介音、韵体、声调、声域等；2）系统地编制声母表和韵母表；3）弄清声韵配列（音素线性组合）；4）弄清音节结构（层次结构）；5）编制声韵搭配表和同音字表；6）理解音位的含义及其有限适用性；7）使用分域四度制标调法描写声调；8）用区别特征来表示音法单位；9）用规则表示共时变异或音法推导过程；10）用表达式来表示音法关系；11）其他。

2.3 什么是音节结构？

2.3.1 音节是怎么构造的？

下面图7是前文图4语音学基本框架的细化，列出了音节架构的下属成分如声母、韵母、声域等。最底下的C，V和最右边的假/张……，ms（毫秒），Hz（赫兹）等是音节成分的语音实现。

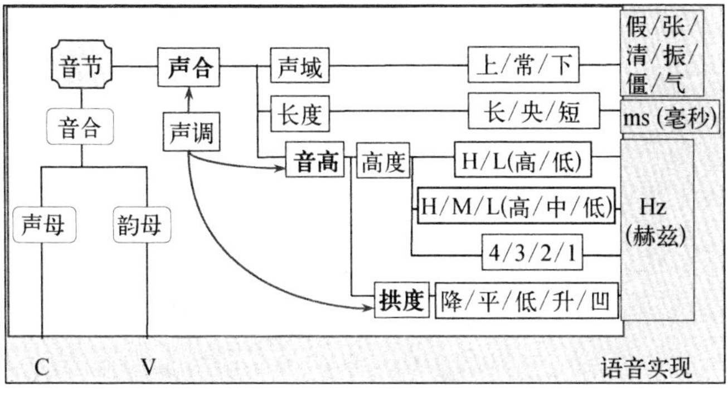

图7　音节结构

先来看最上层的三个名词：音节及其下属的线性成分音合和非线性成分声合。中国传统的音节概念是声韵调直接三分的。20世纪学来结构主义层层两分，音节的直接成分就是声母和韵母，声调是元音的附加成分。这两种分析法都少了一层音合（线性成分）和声合（非线性成分）。音合/声合与音节的结构关系很清楚，但用什么名称要费点口舌解释，见1.1.4节。

上图的音节结构细分了声合（音合的细节见下一小节）。声合只有一个直接成分——声调，因此也可以是声合就是声调。然后下辖声域、长度、音高。声域三分为上、常、下三域，由发声态定义或实现为各种发声态。长度三分为长调/央调/短调，由超发声态的时长定义，实现为毫秒。音高下分为高度和拱度，高度最多分四度，拱度有五种。音高由基频定义，实现为赫兹。

以上讲的是声合的结构和对应的物理量纲。至于名称又需解释一下。声调一般等同于音高。但这样做在上图中不合适，因为上图中的音高包括了两度区别的轻重音、三度区别的非洲高低调、四度区别的亚洲曲拱调。那么把声调等同于曲拱是否可行呢？还是不行，因为上图中的曲拱没包括高度，而亚洲曲拱声调是有高度区别的。声调等同于声合还有一个理由，那就是声调的成分中还有实现为发声态的声域。

音节及其成分是从结构上来确定的，这是一种“本质”定义的方法，把音节画成一个类似于门纲目属的逻辑分类树形图，各种音节成分的概念就按在这棵树节点上的位置来定义。所以叫什么名称不重要，如果怕引起歧义，甚至可以全部改用符号。

上面讲了，欧洲、阿尔泰语言中发声简单，仅有的清声、振声可作为辅音的附加特征；长度和高度作为元音的特征，于是图 7 中的声合这一分叉可以加以精简。注意，英语这样处理只是对简单音节结构的近似性的方便处理，而不是说英语就没有声合这个层次了。就像有了爱因斯坦空间，牛顿空间就只是一种在低速宏观世界的近似表达。

2.3.2　什么是音合结构？

根据声母和韵体之间的成分 M（通常叫介音）的位置不同，音合有三种如下结构。

第一种音合：M 作为韵母的一部分，此时叫韵头。第二种：M 独立于声母和韵体之间，此时叫介音，而缺了韵头的韵母叫韵体。第三种：M 作为声母一部分构成复声母。

英文著作中有两套音节成分术语。老的汉学术语叫 initial，final，medial，ending 等。新的音系学术语叫 onset，rhyme，coda 等。根据 M 位置不同，这两套术语有如下转换关系：

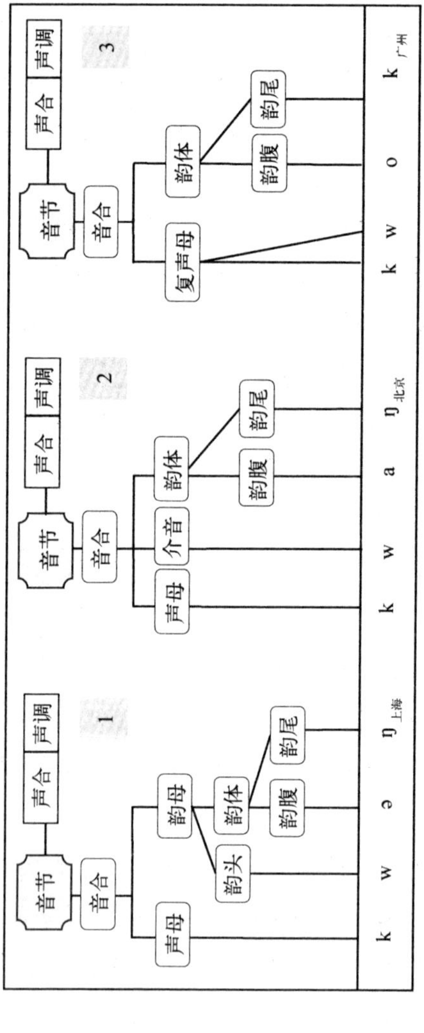

图8 以介音位置不同而建构的三种音合/音节结构

Initial = onset − M； onset = initial + M. 声母 = 复声母−M.

Final = rhyme+M； rhyme = final−M. 韵母 = 韵体+M.

图 8 中的三种音合结构适用于不同的语言/方言，例如第一种适用于上海话和大部分汉语方言，第二种适合于北京话，第三种适合于粤语和欧洲语言。

2.3.3 零声母是有声母还是没声母？

零声母是什么意思？它是有声母还是没声母？这个问题引起很多争论。有人认为零声母有个零形式的声母，但更多的人认为零声母表示没声母。

零声母是一个声母。声母是音节学概念，它在语音上实现为辅音。零声母是没有辅音实现的声母。可以说，是“零声母”这样的表达引发了歧义，它实际上是零辅音声母。

零声母是不是一个声母，这是个理论问题，而不是事实判定。声韵调是一种音节学的理论分析，而辅音元音才是语音事实的判断。所以，认为零声母就是没声母的大多是把音节学理论分析当成了语音事实判定，**错把声母等同于辅音了**。

从远一点说，中国音韵学史上从创制反切到创制字母（声母）、韵图，都是梵僧做的。他们的做法，按我的理解，应该是从梵文出发来分析汉语音节的。梵文文字以辅音（指的是声母）为主，元音只有附加符号，所以每个汉语音节都会给它理论上指定一个声母。喻母还好点，开头多少有个 j（近音），尽管这在当代汉语音节分析中，除了粤语，都算作介音或韵头，不算声母了（别给汉语拼音 *y*，*w* 给迷惑了）。而影母，则是纯粹的零辅音，但照样获得一个声母的资格。

说得近点，大约在 20 世纪中叶结构派开始分析汉语音节，把声母、韵尾、声调都分析成了可选项（optional），只有韵腹是必选项。我曾说，中国是从音韵学/音系学进入语音学，而西方是从语音学进入音系学。现代西方语音学和音系学承继了古希腊的元辅音分析法，并由此进入音系学中的音节分析。他们的一个主要错误就是把辅音等同于声母。咱们现在认为零声母就是没有声母，大概是跟随了结构派把声母作为可选项的观点，而忘了千年来字母等韵之学的真知。

零是一个数。是不是自然数自然有争议。阿拉伯-印度数字“0”的发明，表示零概念的建立，这是对数的认识的一大进步。数学中承认零为自然数又是个进步。零是一个表示“无”的数，而不是无本身。零是一个表示没有东西的数，但不是没有数。同样，零声母是一个声母，实在的声母，跟“帮滂并明”一样的影母、喻母，至于是不是实现为一个辅音，那才是可选项。一般不实现，实现的话可以是喉塞 ʔ-、软腭振擦音 ɣ-或鼻音 ŋ-等非音位性的辅音。

在这个问题上，最关键的是要分清“零声母”和“零辅音”，往下的理解就顺理成章了。

2.4 自主音系学：物理学还是化学？

音系学从 20 世纪初诞生以来，一直寻求脱离语音学控制的独立身份。但这种努力不很成功，原因在于音系学缺乏自己的基本单位。它的基本单位一直和语音学一样，从音素到区别特征，基本单位的定义就是最小的分析性单位。但问题在于，你要是没有自己的基本单位，也就无法独立，这是很自然的。

语言语音学/音法学（包括音系学）中的基本单位、枢纽单位定为一种结构单位：音节。所以本书所说的音系学就是以音节为基本枢纽单位的音节音系学，简称音节学（朱晓农 2008b）。为什么要把音系学的基本枢纽单位定为一种结构单位，而不是最小的分析性单位呢？这就涉及一种——用个类比——是物理学还是化学的问题。

西方音系学和语音学一样，以分析为手段，走到了以分析为目的的地步。从追踪音素到区别特征，把寻找最小单位作为研究目的，并作为基本单位。音系学里最早是用音位作为基本单位，对应于语音学的基本单位音素，是一组具有同一性的音素的标签。到生成音系学问世，音位这个概念都被取消掉了（Chomsky & Halle 1968：11）。音系学的基本单位又追到了更小的、以语音学性质定义的单位：区别特征。尽管音系学家从心底里想把音系学跟语音学区分开来，强调音系学是“自主的”，但由于无法确立音系学里独立的基本单位，结果还是找不到哪儿是“语音学的终点”和“音系学的起点”，两者之间的界限依然分不清。

做个类比，物理学（相当于语音学）尽可以穷究物质的本原，追踪最小单位，从粒子（相当于音素）到夸克（相当于区别特征）。但是，化学（相当于音系学）却不是以此为目的，它考察物质的组织、构造。它的基本枢纽单位是分子（相当于音节），是一种结构单位。物理学分析出碳原子以及更小的基本粒子，化学考察同样的碳原子由于组织不同而形成石墨和钻石。这可类比于语音学和音系学。语音学（更具体点，是声学语音学）穷究语音的基本单位，探索产生这些语音的物理、生理的力。音系学考察语音的组织和构造。问题在于，如果这么区分，那么音系学中的基本概念就不能用元音音位、辅音音位（相当于粒子），更不能用区别特征

（相当于夸克），而要用音节（相当于分子）。音系学单位必须有语音学性质，就像化学单位可以从物理学上来理解。但音系学要想自主，就必须要有自己定义的单位与范畴，而音系学里的基本概念就是音节。

2.5 音节构造：生理学还是社会学？

音节下辖音素组合，音合下辖声母、韵母等。注意：不是 C 啊 V 的，元音辅音是音节成分的语音实现。通行的音系学中谈到音韵组合或音节结构时，用的是（CC）V（CC）这样的概念。这里出了三个错误。

第一，元辅音是语音学概念，直接用进音系学不妥，因为这是两个系统。语音学中的音高进入音系学后成为重音或声调，语音学里的元辅音进入音系学后也应该获得音系学身份，即成为某种音节成分。过去由于西方音系学中忽略音节这个概念，所以元辅音从语音学进入音系学后想不出它们有什么音系学身份——音节的概念都没有，就更不用说音节成分了。

打个比方：生理学和社会学有区别。男人、女人是生理学概念，他们进入社会以后会有社会身份。在社会学的基本单位家庭中，男人、女人有各自的家庭身份，要用父亲、母亲、儿子、女儿等社会学概念或家庭成员来表示。我们不能说张家由一个男人、一个女人、一个男人组成。语音学中的元音、辅音进入音系学后，也获得了音节身份，转换为声母、韵母、介音、韵体、韵尾这些概念了。我们需要两套概念是因为固然声母（父亲）总是辅音或零（男的或单亲），元音总是充当韵腹，但反过来就不一定成立了。

第二，忽略了音节的层级结构。第一层的音合和声合就不是线性排列的。第二层，音合内部也不是平铺直排的，比如韵尾和声母就不在同一个层级上，前者是韵母的下位成分，而前者和韵母在同一层级上。

第三，错认为声母是可选项。如果把音节层级先放一边，音合下的声韵搭配序列可以写成如下那样的配列。可选成分实际上是在语音层面，那些括号中的（C）＝C/Ø。

声母 I	M	韵腹 N	韵尾 E	音节学身份/音节成分
(C)	(C)	V	(C)	语音学实现

这个配列的意思是说，声母、M、韵腹、韵尾等都是音节的必要成分，或者说是音节的预留位置。从语音学层面来说，声母、M、韵尾这三个音节位置都由辅音或零形式充填。韵腹这个位置由元音充填（个别情况下由响音充填）。当我们说“声母”时，它一定是辅音，

包括零辅音。但我们说“辅音”时，却不一定是声母；它还可以是 M、韵尾，甚至韵腹（响音）。不过，当我们说“元音”时，等价于韵腹；但说“韵腹”时，还可能实现为响音。

声母是个必要的音节成分，即使没有一个真的辅音出现在声母位置上，依然可以认为这个位置被一个**零形式辅音**占有，所以，零声母的意思是**零辅音的声母**。西方的音系学以前没有音节概念，有了音节概念后也没有层级概念，所以就平铺着说音素配列（phonotactics），如 C_1VC_2。在此配列中 C_1 可以不出现，如 àn（暗）这个音节由 VC 组成，所以**辅音** C_1 是可选的。等到西方也谈音节了，就直接套过去把可选的辅音 C_1 当成了可选的声母，即一个音节可以没有 C_1，也就是可以没有声母。但这样的认识是错的：语音学上可以说没有辅音 C_1，但在音系学上还是得说有（零）声母。

其实，不但声母可以为零，介音也是如此。传统的“开齐合撮”，指的就是介音分布，“开”就是“零介音”。可能有的人受了“开”是没介音的影响，说零声母是没声母。正确的说法是：声母、介音（严格点可以用个字母 M）都是音节成分，它们在语音上实现为辅音，包括零辅音。

3. 什么是发声态？

蓦然回耳，那音却在声
带嘶裂处。（竹子）

3.1 发声态到底是个什么东西？

发声态指的是说话时声带活动的各种状态，通常所说的“清音”“浊音”“送气”如 $p \sim b \sim p^h$，它们之间的区别就是“发声态”区别。

“清音”“浊音”在发声态系统中分别属于两大类：“常声 I”和“常声 II”。这两大发声类是最普通、最常见的常态或常规发声，听感上是一种清洌的嗓音。

与此相对的是“非常态/非常规发声”或“特殊发声”，包括假声、气声、嘎裂声等。它们在听感上是非清洌的嗓音，或有尖声嘶厉感，或有浑浊、断裂感——正如题记所说：“那音却在声带嘶（厉）（断）裂处。”

传统术语“浊音”有歧义：1）英语、法语里的浊音

b/d/g，发音时振动声带，但听感却和清音一样是清洌嗓音，发音生理上也都是常态发声。2）吴赣湘苗瑶侗台语中的浊音，是真正听感浑浊的浊音，是非常态发声的气声，但声带不一定振动（大多数情况下不振动）。为避免进一步的混淆，我把英语、法语里常态振动声带的“浊音”改称为“振声”。把亚洲语言里的浊音叫“气声”，气声下还有三个小类：浊气态、弛声、弱弛。

发声态可以从两个角度来定义和分类。一是从生理学角度来定义的生理发声态。二是从音法学（首先是音节音系学）角度来定义的音法发声态或音节发声态（这两个是同义词）。2.3 节图 7 的音节结构显示：发声态是音节成分——声域——的语音实现，就像元音是韵母的实现，声母实现为辅音一样。而声域则是声合的下属成分。

声母韵母作为音合的下属成分是有时间先后的，所以叫线性成分。声合的下属成分声域、音高等是可以跨音段的，可以从声母蔓延到韵母，所以叫非线性成分。因此，生理发声态和音节发声态的最大区别在于：生理发声态是专属某个音段的，是从音素角度来研究的；音法发声态则是整个音节的属性，是跨音段的，会影响多个音素以及声调，尽管有时在某个音素上表现得更显豁点。例如音节学中的弛声，即所谓“清音浊流”，我们不能说它是声母清声，而韵母是振声——这在音节学中就不知所云了。过去一直没明白这道理，以为从生理语音学到音法学就一条线直接对应，所以一直理不出个头绪。

下面先简单介绍生理发声态，然后详细介绍音节发声态。生理发声态中的名词保留习惯所用的如“带声”“不带声”等，但音节发声态中的术语用了很多新的，如“常声Ⅰ/Ⅱ”“振声”“气声”等，即使“清声”（“清洌声”的缩减）也与以往的“清声”有区别。我知道，用新术语很惹人讨厌，尤其是对我这样用了一辈子老术语的老头儿。但问题是新概念实在没办法用旧瓶装新酒，否则误导了新进，那还不如不要了。

3.2 什么是生理发声态?

对发声态的系统研究始于半个世纪前（Catford 1964，1977；Laver 1980，1994）。最早卡福从喉门收缩部位和收缩程度两个维度分出 23 种生理发声态。二十年前赖福吉等（L&M 1996）从语言中出现的发声态辨认出八种生理发声态。

3.2.1 什么是单一/复合发声态?

生理学上有六种单一发声态：振声、假声、嘎裂声、喉闭态、喉开态、耳语声。前三种（振/假/嘎）是振动声带的。发振声时声带正常振动，纵向、中部、内收三种紧张度都处于中性状态，不太紧也不太松。假声则性质完全相反，都处于高度紧张状态（Hollien 1971：329），声带抻得很长很宽，内沿拉得极薄，声带绝大部分不振动，只有沿着内缘一带振动。声门常常处于微开状态，而喉下气压一般低于常态振声。但由于仅有声带薄薄的内沿在振动，所以所需气流并不太多。假声最显著的声学特征就是超高频率。据 Hollien & Michel（1968：602），男性假声的音高范围平均为 275～634 赫，而振声的平均声域为 94～287 赫，包括各种场合。据我们对具有语言学功能的假声的测量，男性读字表时假声范围在 270～500 赫，女性最高超过 600 赫兹。发嘎裂声时声带不是像发喉塞音那样往两端拉紧，而是往中央收紧。声带收缩得又短又厚，大约只有振声的三分之二长短。中央收缩和外展紧张度都极高，喉门后部两边的杓状软骨紧闭，并紧拉住声带后部。声带从后部到中前部大部分都不振动，只有前部一小段漏缝，气流很小，溢出时振动这一小段的声带。由于声带厚实僵硬，所以带嘎裂声的音频极低，远远低于发音人本人正常频域的低限。有时低到只有三四十赫。声带振动时很不规则，基频也很不规则。

另三种发声态（喉闭态、喉开态、耳语声）是不振动声带的。喉闭态即声带处于静止状态，包括由声带纵向紧张度较高而形成的喉塞状态——喉塞音。耳语声跟喉开态的区别是后者声门全开，而耳语声只打开后面的软骨声门，韧带声门是关闭的。从音法学角度看，不论单用，还是和别的发声态一起构成复合发声态，耳语声都不跟喉开态对立，所以把它合到喉开态中。

上一节中提到两个更概括的概念：常态发声（常态嗓音的听感）和特殊发声（特殊听感）。常态发声指振声和喉开态，发声时声带处于中性状态，或放松打开状态，嗓音清洌。特殊或非常态发声包括嘎裂声、假声、喉闭态、气声，发声时声带（某一部分）特别紧张或松弛。

除了喉闭态，其他单一发声态可以组合起来构成二十来种复合发声态，大多没有音法学意义（朱晓农2010）。它们表示的是副语言学特征，比如不同的感情色彩（咆哮、尖叫、嗲声嗲气等），或个人的嗓音特征（沙哑、沉闷、声如洪钟等）。具有音法学意义的复合发声态只有少数几种，如喉开态加振声构成气声、嘎裂假声（这是拉佛用语，在我的声素系统中叫断裂张声）。

以上所论只考虑声门的水平活动，如果考虑上下活动，那么还会造成：1）往下活动造成内爆音，2）往上活动造成喷音。

最后强调一下，生理发声态不直接对应于音法发声态。

3.2.2 VOT有什么用？

启振时（VOT）即振声启动时（voice onset time）。启振时定义的是一个时间跨度，以爆音的除阻时为原点，量度振声发出的时间：VOT=爆发时-振声初发时，以此区分传统的三个发声态：振声、清不送气、清送气。如果振声发出在除阻之前，那么VOT是负的，表示是振爆音。如果振声发出在除阻之后，那么VOT是正的，这是清爆音。如果这个正值在0~30毫秒之间，表示清不送气。否则为清送气。后文音节发声态还增多一个“弱送态”，VOT在30到60毫秒之间。所以音法发声态中的“清送态”的VOT>60。VOT达到一百三五十毫秒，就是强送气了，不过强送气不是独立发声态。这些数值都是经验值，正负上下有10毫秒左右的活动范围。

启振时值还与其他一些参数有关，例如同样是不送气：（1）调音部位不同VOT也不同，被动部位阻碍点靠前如p，t，VOT就小，部位靠后如k，VOT就大，可能20甚至30毫秒；（2）成阻部位接触面越大，VOT越长；（3）调音动作越快，VOT越短。

启振时的概念半个世纪前提出时很有一番雄心（Lisker & Abramson 1964），以为找到了一个统一的参数来描写所有爆音。但其实它只能度量常态发声，更多类型的特殊发声如气声、弛声、嘎裂声、假声等都不以启振时来区分。对于浊送气爆音如 bɦ 来说，启振时的概念不适用，因为它的启振时也是个负值，跟振声 b 没什么区别。还有一类辅音与气流机制有关，如内爆音、搭音、喷音，启振时的概念也没用（朱晓农 2010a）。当然，清振和送气与否是爆音最常见的两对特征，据此能区分世界语言中最常见的三类爆发音。对于发声态简单的英语或者汉语官话来说，启振时是个简明有效的参数。但是对于很多方言和民族语中的发声态和气流机制多样化的各类爆发音，VOT 作用就很有限，所以我们就需要用一个全面的发声系统来进行音系内部描写和跨语言比较。

3.3 什么是音法发声态？

音法发声态或音节发声态是生理发声态音法化了的范畴（就像生理上的元音音法化以后成为音节中的韵腹）。音法发声态现已发现六类十四种（朱晓农 2010，2011，2014）。它们在语言（尤其声调语）中可起区别作用，或可定义演化阶段。用此十四种发声态，足以描写已知语言的发声区别。表 4 是个与音素系统（IPA 辅音表、元音图）相对的声素系统，包括发声类、发声态、超发声态。

表4 声 素 系 统

发声类	Class		发声态	Phonation type	音标示例	超发声态	
I. 假声	Falsetto	1.	假声	Falsetto	pâ	时长 Length	长 L
II. 张声	Fortis Vc	2.	张裂声	Broken Fortis	pä		央 MS
		3.	喉塞尾/喷音	Final Glot/Ejective	paʔ; k’		短 S
		4.	前喉塞/内爆音	Pre-Glot/Implosive	ʔp/m; ɓa	音高 Pitch	H/L
III. 常声 I（清声）	Clear Vc I	5.	不送态	Unaspirated	p/（m）/Øa		H/M/L
		6.	清送态	Aspirated	p^h/m̥a		4/3/2/1
		7.	弱送态	Weak Aspiration	pʻa		
IV. 常声 II	Clear Vc II	8.	振声	Modal Vc	b/ma		
V. 气声	Breathy Vc	9.	弱弛态	Weak Slack	ṗa̤		
		10.	弛声	Slack Vc	ṗ$^{(ɦ)}$/ṁä		
		11.	浊气态	Vcd Aspiration	b̤$^{(ɦ)}$ä		
VI. 僵声	Stiff Vc	12.	弱僵态	Weak Creak	p/ba̰		
		13.	嘎裂声	Creaky Vc	p/ba̰		
		14.	喉堵态	Glottal Muffle	p/ba̰		

说明：Vc=Voice。Glot=Glottalization。关于发声态的英文名。向来的科学术语都是西名东渐，所以中文术语都可回溯英文，但上表中的中文术语大多是用中文研究中文材料时发明的，所以没有现成的英文术语。为便于交流，我给这些发声态起个英文名，列在表中。Ø 为零声母。在不需要更多语音细节时，气、弛声可用^{ɦ}表示，省去两点。响音如 m 在有常态振声如 b 的音系中跟 b 同态，无 b 的话跟清冽不送态 p 同态。

音法发声态和生理发声态不是直接对应，无法一一对应。两者有多处不同：

生理发声态对应某个音段，或者说实现在某个音段上，所以也可以叫作音段发声态；音法发声态是整个音节的属性，所以也可以叫音节发声态（有时也需考虑实现在调头或调尾的局部发声态，见后文）。它们在音节上的实现部位可以分三种情况。第一，基本上实现在韵母上，与声母没关系或很少关系：前者如假声，后者如僵声和断裂张声。所以这两类发声音标示例就只写了韵母元音。第二，实现在韵母上多些，实现在声母上少些。如气声、前喉塞张声的生理启动都始于声母阶段，但声学和听感特征实现在韵母上。第三，振声和清声是声韵母同样重要，韵母常态发声使它们区别于非常态发声态（属的性质），塞音声母振不振声是清振内部区别（种差）。后两种在音标示例中声韵母都标写了。

生理发声态只考虑了某个时间点的形态，如果考虑一个时间段，那么 1）喉开态开闭时间先后会引发三种不同的音法发声态：清送态、弱送态、不送态。2）生理喉闭态对应音法喉塞态，但它会影响后接元音紧张，从而造成音节学中的张声。

生理发声态只考虑声门的水平活动，如果考虑上下活动，那么还会造成 1）往下活动造成内爆音，2）往上活动造成喷音。两者都属于张声。

生理发声态和音节发声态不是一一对应的，如生理喉开态对应音法送气态，喉开态和常态带声复合后对应气声（这里常态带声不特指辅音，更可能的是元音）。

音节发声态中也有两类是常态发声：常声 I 和常声 II（即清声和振声），另四个（假张僵气）是非常态发声。

3.4 研究发声态有什么意义？

首先，发声态是声调的一个组成成分，能起到区别作用，所以是语言的一个不可或缺的成分。

研究发声态为语音学开辟了一个新领域，进而带动了一连串突破：带领声调研究进入一个全新的天地，为辅音提供一个新的更合理的分类框架，同时打通了元音、辅音、声调中盲人摸象、各自为政的状况，统一解决了很多语音学和音法学中的长期难题，构建起一个新的音节模型，并最终为语音学建立一个全局理论做出贡献。

其实西方学者很早就注意到发声态了，但可能是因为欧洲、阿尔泰等非湿热大陆的语言是调音为主型，发声简单，历来便宜行事，处理为音段的附加特征。这是囿于材料而开展不起来。发声态中，非常规的假/气/僵声的语音特征主要表现在韵母上。常规发声态（清/振）过去老以为只有声母区别（不带声/带声）。其实在发声态系统中（图 9），常规发声的区别特征首先也是表现在韵母上，以清洌嗓音与非清洌的特殊发声相区别。在常规发声内部，也就是常声 I 和常声 II 之间，才是声母带不带声的区别，同时韵母也有区别，如音高、音强甚至时长有所不同。欧洲语言中只用这两种常规类型，于是一般语音学和音系学就只认这两种发声态，并错认为是辅音的附加特征，然后以偏概全地推广到全世界语言中。

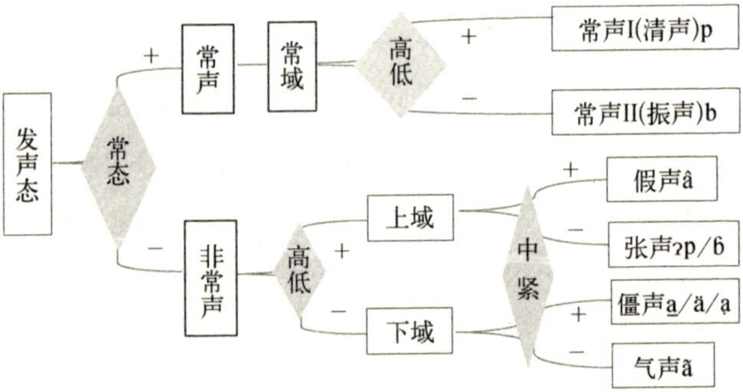

图 9　三个区别特征划分六类发声态

而超发声态呢，欧洲语言只有轻重音和长短音，就叫作超音段，便宜行事处理为元音特征。并错误地外推到亚洲语言中，把我们的声调也叫作超音段，也看作元音的附加特征。他们不知道我们不但声韵调并立，而且在为语音分类时，第一个分出的大类就是声调。看看《切韵》《指掌图》，我们先人早把声调看作音韵学的首要范畴，然后再是音素组合，先韵母再声母。前贤把音长和发声态都归作声调特征，从音长特征分出入声，从发声态特征分出阴阳调。他们不把音高和时长当成韵母、更不作为元音的附加特征，清浊发声态首先表示为阴阳调，然后是清浊声母。所以，我们图 7 的音节结构在基本立场上是承继了韵书韵图的框架。

东/南亚和中/西非语言等低纬度大陆的语言是发声活跃型。因此一个完备的语音学理论应该发声和调音同时并重。这个完备的语音学理论的突破口在于声调和发声态。声调作为音高、音长和发声态的综合体（观点 I），可以定义为音节的非线性直接成分（观点 II），与音素组合对立——这样的认识也顺带解决了音系学半个世纪来困扰至今的声调承载单位（TBU：tone bearing unit）问题。所谓 TBU，其实就是辨认声调的上位概念，也就是要求音系学中的概念分类系统。过去把声调的上位概念当成了音高，那么种差就要跟咳嗽、唱歌去相区别了。这个 TBU 问题只有把音节看成音法学的初始单位才能解决。

上述两个观点——“I. 声调是个综合体”和“II. 声调是音节的直属成分”，分开看都不是新的，都是咱们音韵学延续千年的前瞻观点。全新的是把它们组合为一个自洽理论，并有大量新事实和系列相关理论（音节理论、发声系统、普适调型库、分域四度制）支撑。观点 I 在西方几十年前也注意到了，Henderson（1967：171）说：

> A phonological tone is in [Southeast Asia] very frequently a complex of other features besides pitch — such as intensity, duration, voice quality, final glottal stop and so on. 东南亚的音系学中的声调经常是一个集音高、音强、音长、声质［按即发声态］、喉塞尾［按亦为发声态，即张声］等因素的综合体。

Thurgood（2002）对“声调即音高”这种标准定义批评得非常严厉：

> Such configurations are found in tone systems throughout the world, not just Southeast Asia, making the standard definition of tone as the lexical

phonemicization of pitch distinctions at best a misleading simplification, at worst a serious impediment to understanding. 声调的这种综合体结构其实不仅在东南亚而且在全世界声调系统中都可看到。这就使得声调是音高区别在词汇上音位化这种标准理论，往好里说是个误导性简化，往坏里说就严重阻碍了理解。

其实，在更早的时候就有人已经认识到发声态在语言中的作用了。Hockett 在他那本经典教材 *A Course in Linguistics*（1958：60~61）中指出：

Further research may show that we are wrong to exclude voice-quality modulation from language. Pending this, as a matter of convenience, we must exclude it from further discussion in this book. 进一步的研究将会表明我们把声质调节［即发声态］排除出语言是错误的。但在能解决之前，本书中为便宜行事需把它排除在外。

只是在过去半个多世纪中的发声态研究还浮在物理和生理学圈子里，以为发声态是单个音段的附加特征，而无法从音节层面上观察它的非线性、跨音段的属性，没能在语言学中把它音法化、概念化、范畴化、形式化。Henderson（1978）说：

> There is obviously great attraction in the theory of a single feature that could plausibly account for such a diversity of associated phenomena, but in my view it is too early to think in terms of "phonological features". 音系学理论显然有极大的兴趣想用一个单一的特征来说明这些个纷乱而相关联的现象，但依我看，现在就考虑"音法特征"为时尚早。

这个困惑了语言学家很多年的涉及语音学和音法学基本框架的系统性难题，在尝试了二十多年后总算拼出了个完整图案。最早是我在做博士论文时（1990—1994），为处理上海话的阴阳调（即清声和气声的对立），提出以发声态定义的分域概念。完了就是原地踏步的十年。那时我自以为掌握了最新的语音知识和实验技术，把 Ladefoged 的书和 Ohala 的文章读得滚瓜烂熟，加上原来的音韵、方言底子和初步数学训练，我想我可以横着走了。谁知道做了一个澳大利亚研究院的南部吴语声调大项目，竟然铩羽而归。直到 2006 年写了篇

《论分域四度标调制》的文章（朱晓农 2006b），尝试性地提出了一个发声态系统，那时还有“全紧声”这么个概念（包括后来的假声和张声）。这以后开展了大规模的田野调查，事情突然变得容易了——“一力降十会”，那是我当时的感觉：超分量的可靠新材料往那儿一压，什么理论都玩不转了。不过别误会了，以为这就材料称大王了。不是的，一力降了十会后就得有一套更会的理论去驾驭材料。这就是我在自序里说的两个过程，先是在泰山压顶的材料碾压下，什么“华山论剑”都是花拳绣腿。然后是从语音材料到音法概念，在认知上要翻越一座比泰山更高更高的山。

3.5　什么是常声？

3.5.1　常声分几类？

常声即常态/常规/常见发声、又叫清洌声 Clear Voice。声素系统的六个发声类中有两类是常声：常声 I 和常声 II（简称“常 I”和“常 II”）。

常声 I 又叫“清洌声”，简称“清声”。注意：这个清声是清洌声，跟以前说的“清声”不同，清洌声的清声首先是属于音节的发声态，下分送气态 p^h/m̤a、不送态 p/ma、弱送态 p‘a 三种。以往的“清声”只是指声母不带声。清冽声音节的韵母都是常态带声，声母如果是阻音，则常态不带声，如果是响音，不带声响音归送气态，带声响音归不送态。

常 II 下只有振声 b/ma 一种发声态（所以可以直接叫“振声”），即声母和韵母都是常态带声。振声阻音是不送气的，声带振动同时送气不是常态带声，不属于常声类，而属于陆法言、颜之推当年就听到的听感浑浊的浊音，即声素系统中的气声类。如果音系内有振声，那么响音归振声，如果没有振声，则归清声。

发声态是音节的属性。这两类常声的语音表现是：韵母部分都是常态带声。声母部分，振声阻音是声带常态振动，清声阻音是声带在常态状态下打开不振动。这两类常声与其他四类发声态区别在于前者韵母为常态发声，后者为非常态。

3.5.2 什么是振声（常声 II）?

振声是第 II 类常声，这种音节发声态的声母辅音和韵母元音都是常态带声。零声母音节中没有带声的声母辅音，所以不属于振声。

全世界大约三分之二的语言中存在清塞音和振塞音的对立，如英语、法语、日语、泰语等（少数语言如澳大利亚土著语中也有清振塞音，但不形成对立，它们的出现是根据在词中的位置）。其余三分之一如汉语，其大部分方言中没有清振塞音的对立，只有闽南语中有新生的振声塞音。可见阻音中不带声比带声常见。

但在响音中情况正相反，响音通常都是带声的。清响音如清鼻音、清边音偶尔作为振响音相对立的音位出现。元音一般也都是带声，清元音偶有所见，而且一般不跟带声元音对立，它只是一种音位变体。

3.5.3 什么是清声（常声 I）？

常声 I 又名清（冽）声，他对应生理发声态中的不带声（阻音）。在音节发声态中，清声与振声相对：两种都是常态发声类，区别在于阻音声母是否带声。

清声音节的典型特征是不带声阻音声母加常规发声韵母。清音包括清阻音、清响音、清元音。清阻音 p，t，k，s，f 等是最常见的辅音，尤其是龈清爆音 t，几乎所有语言都有。

清声下辖三种以 VOT 区分的音节发声态：不送态（VOT≤30）；清送态（VOT>60）；弱送态是个新概念，定义为 30<VOT≤60 ms 的清声。这些数值只是在没有对立情况下的经验判断。在有对立的情况下以对立的界限为准。当然这个边界值离经验值相去不会太远。这里我们再次看到没有一个“客观的”声学标准来定义一个音法类，系统内部不能提供标准。

清响音如m̥没问题，只能归清送态。带声响音（鼻音、边音、近音、零声母）的音法发声态地位要讨论一下。当音系中没有非常态发声并且没有振阻音如 b 时，响音如 m 没别的选择，只能与不送态 p 归为一类（清送态要容纳清响音）。如果音系中有清振对立（p～b），那么表面上看，带声响音 m 应该和振阻音 b 归为一类。但实际上只有常态发声时，响音只有一类，所以它是中性的，归入振声或清声都无所谓。如果考虑到没有振阻音的情况下响音归入清洌声，再考虑到零声母音节也归入了清洌声，那么统一把响音归入清声可能更为简洁，所以振声行里的（m）是加括号的。

3.6 什么是气声?

音节发声态的气声类实际上就是中古陆法言、颜之推所说的“浊音”，对应的生理发声态为“浊送气”和“浊耳声”等（详后 3.10.2 节“赖福吉的 breathy and slack voice 是什么意思？”）。简单地说，发音时**声带振动的同时有气流呼出**，造成带有喉门摩擦声或呼气声的非常态发声，听感浑浊，有蜂音感。注意：这是音节发声态，主要表现在韵母上，也可表现在声母上。因为过去一直理解为气声是塞音的特征，所以有必要提醒。

这里说“塞音”有几个错误。首先擦音、响音也可带气声，而且都比塞音更强烈、更明显；其次，即使塞音，也必须说是处于声母位置，韵尾塞音基本上不会带气声；第三，不管声母气声多强烈，比起韵母来，还是后者的气声更为强烈。

判断气声有几个声学标准，如 H1 - H2，H1 - F1，H1 - F2，信噪比、开商等。相比之下，H1 - H2 这个参数可靠性最大。Bickley（1981）发现气声最显著的声谱特征是第一谐波 H1（即基频）的能量大于第二谐波 H>0（H = H1 - H2）。这个标准在大部分场合适用，但要注意的是，音法功能常常不取决于单个物理参数，而是有一个以上的参数同时或交互在起作用。此外，即使使用这个 H1 - H2 参数，也是要从统计学上来确定。

气声类下辖浊气态、弛声、弱弛态三种发声态，未发现有对立，如北部赣语、南部湘语、吴语老宁波话和孝丰话中都既有浊气态，也有弛声，互为变体。既然没共时对立，为什么要分三类呢？浊气态和弛声要分为两小类是因为两者在听感、声学特征、音法派生、内部变异以及演化过程都有不同表现。弱弛态要另立一小类是因为它处于气声和清声的交界处，在两者的演化过程中定义了一个不可缺少的阶段。可见发声态类别不是音位，它的划分有六条不一定同时出现的标准：听感差异、声学特征、类型共性、变异模式、演化阶段、音系内部的音法派生。

表 5　三种气声及其语音特征

噪音	发声类	发声态	符号	声母	气流	变　体
非常态	Ⅵ. 气声	12. 浊气态	b̤⁽ʱ⁾a̤	振声	大	b̤ʱa̤（印地）；b̤a̤（佤，苗）
		13. 弛声	p̈a̤ ，m̤a̤	清	小	p̈a（吴）；p̈ʱa̤（孝丰弛声变体）
		14. 弱弛态	ṗạ	清	微	

浊气态内部还有变体（表 5 最右栏），最强的即所谓的“浊送气”（浊爆音加浊送气加气化元音b̤ʱa̤，这里可以说浊爆音是因为这个振声爆音是非常态的气化振声），还有较弱的“浊爆音加气化元音b̤a̤”。图 10 左第一个字是振声 b 用作参照，第二个字 bʱal 有一段浊气流。右小图是苗语弱气声，图中底线处两条小竖线之间

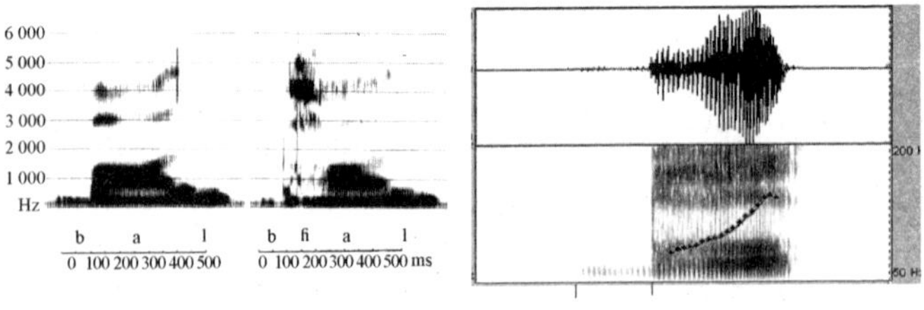

图 10　印地语，［左］振声 bal 头发，浊送气 bʱal 前额. 据 L&M（1996：59），Fig 3.6.［右］石门坎苗语弱气声 bə̣

是持阻期的振声杠，没有浊送气段。后面元音阶段有相当一段音强较小，高频处脉冲直条不清晰，表示有漏气造成的噪声，即为气化元音。佤语情况也类似。

弛声一般是“清爆音加气化元音 p̈a̤”，即所谓清音浊流（赵元任标为 $pa_{ɦ}$）。极为偶尔的会发现加强版的“清爆音加浊送气加气化元音 pʱa̤”，我们在吴语孝丰话中发现有这样的变体例子，在弛声清爆音后有一小段浊送气（30 毫秒左右），可归入弛声。这类例子不多见。

吴语中的清音浊流自 20 世纪 20 年代为刘复、赵元任发现以来，一直是语音学、方言学中的兴趣焦点之一（cf. 朱晓农 1999, 2005 有关论述和所引文献）。清音浊流一般处理为辅音“清浊”的对立，这是自 20 世纪初用陆法言、颜之推的中古术语“清浊”翻译“voiceless/voiced”后造成的最大误解之一。图 11 给出一对“清浊”声母例图：左小图是传统认为的清声母字“摆”，右小图是传统认为的浊声母字“败”。这个“浊声母”字声母既不带声，声母也没浊流。图 11 显示：1）“清浊”声母都不带声。但 2）左面的张声元音比起右面的弛声元音来，声波振幅大，共振峰带更黑。这表明弛化元音的能量较小。3）宽带图左面的周期脉冲黑白分明，右面的灰蒙蒙模糊一片，表示声带振动同时还有漏气的浊流。

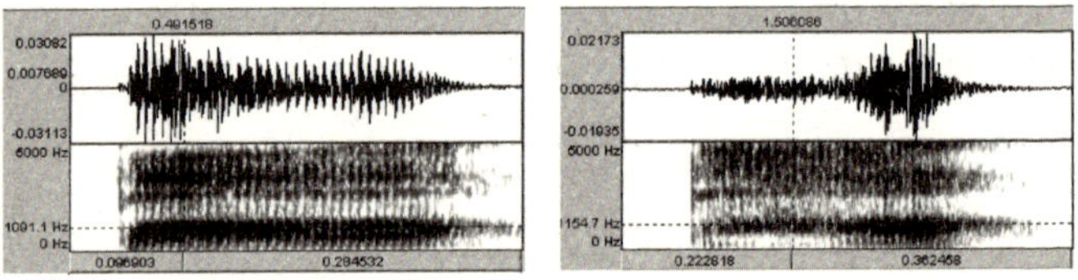

图 11　上海话［左］张声音节ʔpa“摆”，
［右］弛声音节p̈a̤“败”

所以，即使传统使用“浊音”或“清音浊流”这些术语，也是指韵母带声并漏气，而不是指声母带声并送气。

当然，更佳的理解是先不要纠缠于声母还是韵母，弛声是整个音节的属性，声母不带声，声学表征和听感特征都表现在韵母的前半部分上。当然，声母不是不做贡献，弛声音节的声母辅音爆发能量较小，听感较闷较软，声道壁较松软，呼吸肌力增长较慢，成阻接触面较小，成阻点后的气压较低，持阻时间较短。这些弛声声母的预备动作都为后接韵母的气化，起音频率较低做好的准备工作。

弱弛态是发弛声时较为随意的一种弱变体，是介于弛声和常态发声的一种过渡状态。我们需要定义这个发声态是因为在共时变异中常会碰到，如湘乡（朱晓农 2010b），并且演化过程中也需要弱弛这个阶段，即从气声消气或“清音化浊”的过程中都会经过这个阶段。

气声出现于低纬度大陆，中国南方、东南亚很常见。南亚很多语言都有浊送气，如印欧语系印度-雅利安语族的印地语、信地语、乌尔都语、Marathi 语、Gujarati 语、Nepali 语（印度、尼泊尔、不丹），达罗毗荼系的 Teluku 语，南亚语系中的 Mundari 语，藏语支的 Newari 语（尼泊尔）等。低纬度的非洲地区也有气声，如西非尼日利亚的 Igbo 语，南非和斯威士兰属于南班图语的 Tsonga 语，博茨瓦纳的！Xóõ 语。美洲个别语言也有，如墨西哥 Mazatec 语。

汉语方言中偶有浊送气的报道，如四川永兴老湖广话被认为像印地语一样有四套爆音（崔荣昌、李锡梅 1986）。我们的调查没发现浊送气。所谓的“浊塞音”和“浊送气塞音”都是弛声（清声母加弛化韵母）。前者是声调较高的弛声，误听为振爆音；后者是声调较低的弛声，误听为浊送气（朱晓农 2010b）。赣语也记录到浊送气，如永修、德安（刘纶鑫 1999）：$d^{ɦ}$拖驼 | $b^{ɦ}$拍白。根据我们对北部赣语 32 个点的考察，发现存在振声、内爆音、弛声、甚至浊气态——北部赣语是世界上声调和发声态最复杂的语言，没有之一。

3.7　什么是假声?

假声可以用来唱戏，各地地方戏，除了闽南布袋戏，几乎都用假声。歌剧里也有花腔假声的。用到语言里，过去一直认为它只有表达惊讶、兴奋等副语言学意义，没认识到它的音法学辨义功能和构词功能。

假声作为语素——最早发现假声具有语言学意义是《亲密与高调》（朱晓农 2004a）一文中发现它可以用作一个小称语素。在汉语各方言中都有小称调，这些小称调大多是高调。在粤语信宜话（叶国泉/唐志东 1982；罗康宁 1987）、容县话（周祖瑶 1989）中，这个小称调已高得没法用五度制来表达，因此被称为“超高调”。我们发现这些超高调都是用假声发的（朱晓农 2004a）。图 12 左是一个信宜中年男发音人的原称和小称形式的对比。他普通声域范围在 100 ~ 200 Hz 之间，但小称形式的“衫”带假声，基频高达 339 Hz。也有少数方言据报道有低调小称的，甚至还有带嘎裂的小称调，这可能是一种另类表达高调的方式，也可能是从小称开始，泛化调拱发生了变化（朱晓农 2004）。

假声作为声调特征——然后就在高坝侗语（朱晓农/吴和得 2007；Zhu 2012），吴语温州话（朱晓农

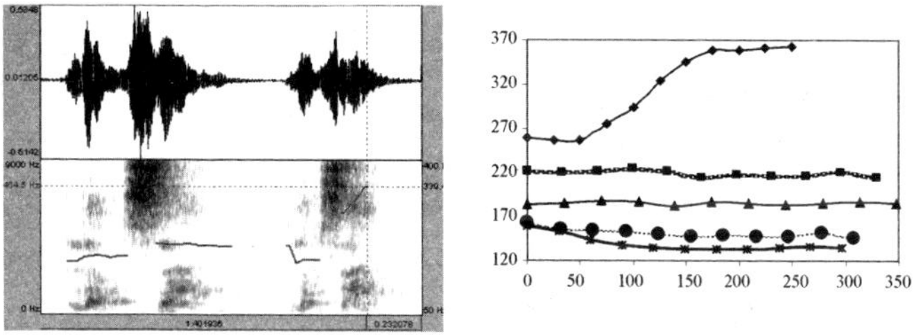

图 12 ［左］信宜“笠衫” **ləp sɐm**. 左原称｛44 55｝，右小称｛44 *66*｝，［右］高坝侗语的五个平调的平均基频曲线，最高的平调带假声

2007），赣语吴城话（2008 北大的讲座），湘语岳阳话（彭建国/朱晓农 2010），中原官话连云港话（章婷/朱晓农 2012），冷水江话（麦耘 2014），江淮官话兴化话（章婷/朱晓农 2014），赣语监利话（王彩豫/朱晓农 2015）等很多汉语方言和民族语中，假声成为声调的区别或必备特征，并以此构成上域。侗语以声调类数多而闻名，最多达十五个调类（朱晓农/韦名应/王俊芳 2016）。这么多的调类要互相区别，单靠基频显然是不够的，发声态便帮着一起起作用。一个典型例子是高坝侗语的十四调系统，其中五个平调，低的四个是常态发声，最高的那个带假声，远远高出次高平调。图 12 右是高坝五个平调的平均基频曲线，从常域｛22｝到｛55｝的四个声调在 120~220 Hz 之间，而那个上域假声高平调｛^{5}66｝拱形前半段急升，后半段超高平。

3.8 什么是张声？

张声类下属三小类：前张（前喉塞 ʔpa/内爆音 ɓ）、后张（喉塞尾 aʔ/喷音 k’）、张裂声（断裂张声 ä）。后张不是全局性或音节性发声态，而是位于调尾的局部发声态，所以不独自定义一个声域。前张和张裂声在少数情况下独自定义一个上域。

张声类是六大发声类中最为微妙的一类，一则在于其内部成员有点复杂，二来其主要成员前喉塞 ʔ 的声学特征不是很明显。

3.8.1 什么是前张？

喉塞的生理发声是喉闭态，它以声带的纵向紧张，即拉紧声带引起邻近音素产生高于平均的音高。所以前张的第一声学特征就是有高调头，听感上较清声为紧。

前张并不总是区别意义的。它的出现一般有两个条件：1）与假声同现，共同定义一个上域，如湘语岳阳话（假声为主）和长沙话（张声为主）；2）与弛声/弱弛同现（如吴语、北闽、苗语、侗台、南亚语、南岛爪哇语），甚至和弱送同现（朝鲜语），此时清辅音都显得比较硬。张声在这些场合可能独立定义一个上域（如鱼粮苗语、北闽建阳、口寨侗语），也可能作为清声的变体同属常域，如吴语。

朝鲜语有三套清塞音，其中一套送气，跟其他语言一样。另两套不送气，即所谓软硬塞音，硬辅音即张声。这三套辅音一直被认为是语音学中的大难题，这是因为没看到发声态的作用，详见 7.1. 节。

3.8.2 什么是张裂声?

张裂声（简自“断裂张声”）是一种很特别的复合发声态，或可对应于生理发声态中的嘎裂假声 (Laver 1980)。张裂声与前喉塞关系密切，大多来自前喉塞。发声时声带拉得很紧，造成气流呼出时困难，从而使得声带振动不规则，类似嘎裂声，但发生生理不同，音高也较高，高于发音人的平均音高。这种认识是从海南回辉话的研究中得到的。回辉话有强内爆音，有时强到变为前喉塞，甚至张裂声，如下图：

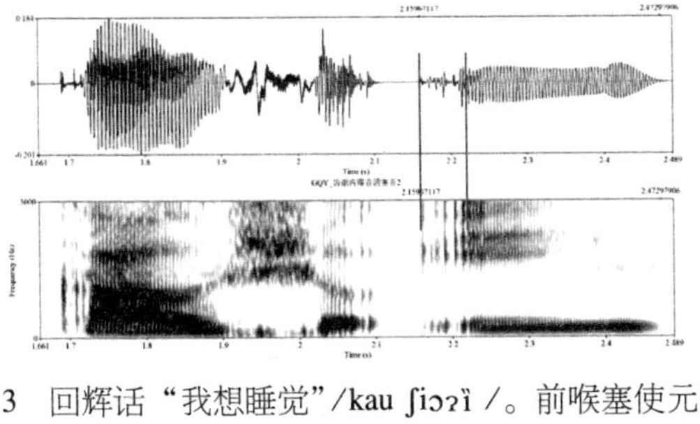

图 13　回辉话“我想睡觉”/kau ʃiɔʔi̤ /。前喉塞使元音 i (即 i̤) 发音时声带振动困难，断断续续地开始 (两条红竖线) (引自寸熙/朱晓农 2017)

张裂声的出现场合据观察不算很稀少，不过一般都是作为僵声嘎裂的变体，从而作为一个桥梁，引导僵声和前张的交替，如东海驼峰乡方言。而作为区别作用则极为罕见，至今只发现三例张裂声凹调与其他凹调对立，从而构成一个上域。这四个例子是越南语（朱晓农/阮廷贤 2014）、印第安语（朱晓农/章婷/衣莉 2012）、连云港方言（章婷/朱晓农 2012）。

下图是越南语的三域八调系统，问跌（C1，C2）两调是凹调。问声是下域僵声嘎裂凹调，跌声是上域张裂声凹调。

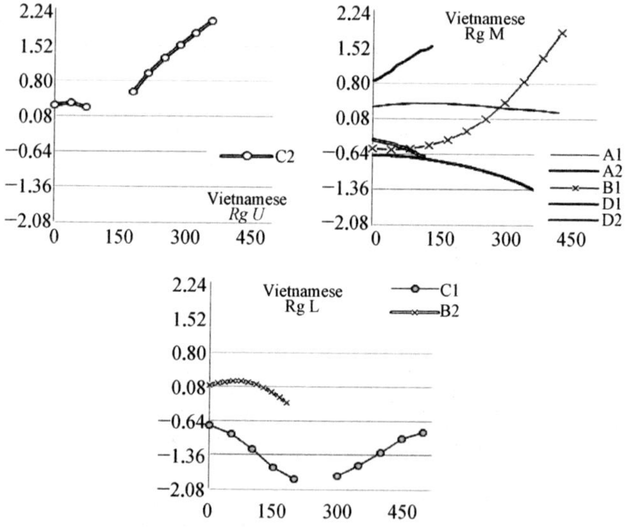

图 14　越南语三域八调

连云港方言过去是城里属于江淮官话，郊外属于中原官话。不过最近几十年来，大量城外人口进入城内，城内方言的变化很大。图 15 是一位城区老派发音人的双域五调图，其中两个凹调：阴平上域张裂凹调，阳平常域央凹。阴平张裂凹调原先认为是一般僵声嘎凹，放在下域（章婷/朱晓农 2012）。当时还没辨认出张裂声这么一种发声态，所以也没辨认出张裂凹调这种调型。后来发现东海有张裂凹调作为僵声嘎凹的变体，又发现越南语、美洲印第安语中的张裂凹调，所以才重新确定连云港老派的阴平为张裂凹调。

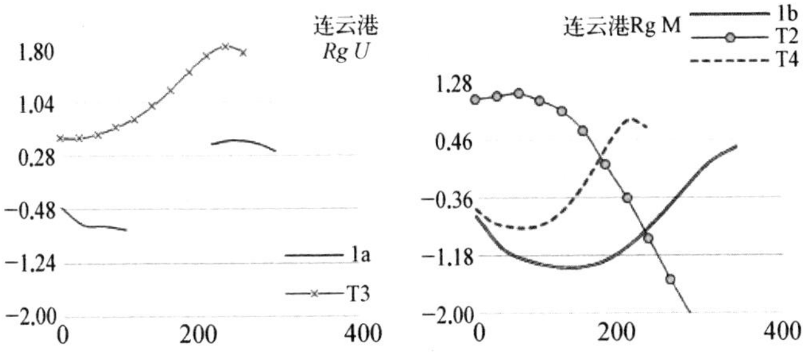

图 15　连云港老派双域五调

3.8.3　内爆音和喷音为什么也属于发声态?

这两种音在 IPA 中放在辅音副表（非肺部气流）里，其实它们都是发声态。比如内爆音 ɓ 和振声 b，调音部位都是双唇，方式都是爆音，不同点在于如何操纵喉头，即发声状况不同。喷音也是一种声素，比如 k'和 k 都是软腭爆音，调音部位和方式相同，不同点在于如何操纵喉头，即发声状况不同。所以，内爆、喷音都跟清振送气一样，属于发声态。

有关内爆音的性质、分布、演变，可参考《内爆音》等文（朱晓农 2006c；朱晓农/寸熙 2006；朱晓农/刘泽民/徐馥琼 2009）。有几点可强调一下。

第一，IPA 图中是叫振声内爆音（voiced implosives），一共有五个：ɓ ɗ ʄ ɠ ʛ。内爆音基本上都是振声，清内爆音很罕见，大多在非洲，少量在中美洲（Ladefoged 1964；Maddieson 1984；Demolin 1995；Laughlin 2005）。从空气动力和声学材料较完备的 Lendu 语（Demolin 1995）来看，清内爆音不是全然清的，在除阻前有 30~60 毫秒的“振冠”（pre-voicing）。所以内爆音的底伏义就是振声内爆音，不用再加“振声”两字。需要提及清内爆音时，就用加上区别性的清字。就像鼻音不用叫“振声比喻”，振声是底伏义，需要提到清音时再用清鼻音一词。清内爆音比清鼻音远为少见，所以内爆音比鼻音的底伏振声义强得多。

第二，内爆音中以部位在前的唇音和齿/龈音 ɓ、ɗ 最为常见，硬腭和软腭音 ʄ 、ɠ 很少见，小舌音 ʛ 罕见。这是由空气动力学决定的（赵元任 1935）。

第三，除了 IPA 图中的五个内爆音外，Flores 的 Ngad'a 语（属南岛语系）中还有个卷舌内爆音（Djawanai 1977）。内爆音基本上都是爆发音，塞擦音和擦音极少见，班图语系的 Kung-Ekoka 和 Hendo 中有（Demolin *et al*. 2002），布依语中也有个龈-颚前内爆塞擦音 ɗʑ（中国科学院少数民族语言研究所 1959，原书用的音标是 ʔdʑ）。上海徐家汇边上的龙华镇吴语中还有个唇齿内爆塞擦音 ɓv，如：ɓvɔ^{52}（表征询的语气词）。ɓv 还见于 Mangbetu 等几个中苏丹语（Central Sudanic）。

第四，内爆音的听感上有点像鼻冠爆音或鼻音或边音（ɓ≈^{m}b/m；ɗ≈^{n}d/n/l）。这是因为发内爆音时软腭有将口腔中的声波传播到鼻腔的作用（Dang & Honda 1996），从而产生微弱的鼻音感。听感实验表明，ɓ 和 m 之间的混淆率达 50%；ɗ 与 l 的混淆率为 35%，与 n 的混淆率为 43%（Cun 2004）。这种听感近似会引起音变，见 9.4.3 节。

第五，内爆音初看之下有点陌生，一般估计为 10%～15%的语言中有内爆音（Maddieson 1984）。内爆音的分布和声调、气声一样在低纬度地区，这从另一方面证明它是声素。在麦迪森的统计中汉语没有内爆音，但那是根据官话。其实，内爆音在吴语和闽南语中广泛存在，部分粤语（勾漏片，连山，化州、吴川，海南儋州等）中也有。有内爆音的南方少数民族语主要分布在云贵、两广和海南，包括黎语、临高话、壮语、水语、毛难语、傣语、侬语、布依语、越南语等等。

第六，过去对吴闽粤语中的内爆音来源有个未经逻辑论证的猜想，认为它们来自“侗台底层”。其实，它们大部分都是自发产生的，语言接触只是起一点推动作用。新生内爆音作为语音变体大量自发产生（朱晓农/刘泽民/徐馥琼 2009；朱晓农/关英伟 2010）。

第七，内爆音和振爆音的主要区别是在生理和空气动力学方面。声学上最简便也最可靠的办法是观察波形图：内爆音成阻阶段的波形，即振幅，随时间由小变大，而振爆音是由大变小。

喷音在 IPA 图中和内爆音放一起，但实际上也是声素。需要注意的是：

第一，喷音中部位在后的软腭和小舌音最常见。这是很容易理解的。比起成阻点在前的双唇喷音或齿龈喷音，软腭、小舌喷音的成阻点在后。因而，成阻点后的封闭空间小，空气在此压缩后，容易聚起较高的气压以作喷射的动力。

第二，喷音都是清声，没有振声。

第三，一般爆音有时会伴随一个喉塞音，如伦敦英语 *cat*（猫）的发音为 kʰæʔt，喉头会稍稍下降然后上升，并造成轻微喷气性质（L&M 1996：78）。这种情况在粤语中也观察到了（朱晓农/严至诚 2009）。

第四，喷音初看觉得很罕见，其实在塞音类中属第四常见，仅次于送气、不送气清爆音和振爆音，比其他非肺部气流音常见得多。在 Maddieson（1984）的材料中，有喷音的占 16.7%。按 Catford（1977）估算，大约 20%的语言中有喷音。喷音在非洲和美洲土著语中很常见。南部非洲很多语言，尤其是 Khoisan 语族中喷音是个常见音。

3.9 什么是僵声?

音节发声态僵声类主要对应生理发声态的嘎裂声，另外包括强僵声即喉堵态以及弱僵态。喉堵态是加强版的嘎裂声，喉部高度紧张，使得嘎裂难以延续，造成发声停止，出现静波。弱僵态其实很常见，但由于属性介于嘎裂声和清声之间，容易混同于清声，所以被忽略了。

3.9.1 什么是区别特征和必备特征

理论一经确定，证据不召自来!

嘎裂声这概念一旦建立（朱晓农/寸熙 2003；朱晓农 2004a），证据扑面而来，北自黑龙江，南到泰国，我们都能发现它的踪影——这实在是一个很普通、很自然的语音现象。

嘎裂声尽管普通，但一般只是作为低调的伴随或可选特征，如北京话上声和广州话阳平，有一半情况下有嘎裂声，另一半情况没有。我们有一篇文章，题目就叫《嘎裂声作为低调特征》（朱晓农/杨建芬 2010），说的是河北一带我们调查的三十多个方言点，一半多有嘎裂声，但都是伴随特征。

真正作为造成最小对立唯一特征的，首先在贺州市八步区八都话中发现（麦耘 2007），见图 16 中两个起点基本相同的降调，一个清冽声，一个嘎裂声。调末嘎裂声造成两个降调之间的唯一对立。这对声调的对立五度制无法标写，在分域四度制中阴去是常域 {52}，阴入是下域 {**40**}。

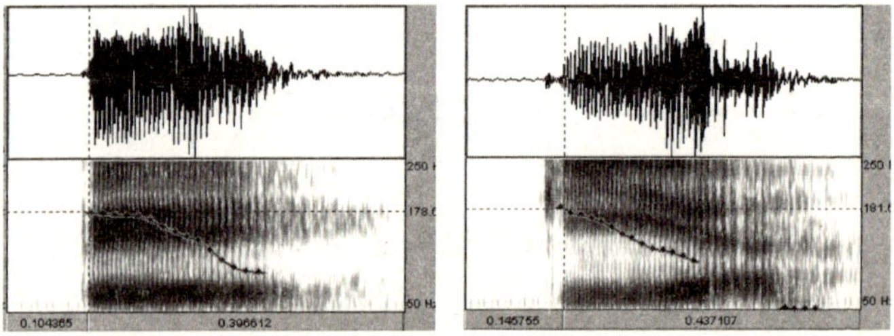

图 16　贺州厦良村八都话，[左] 阴去变 pe⁴¹，
[右] 阴入杰 kiə⁴⁰

不但降调，凹调也有普通对嘎裂的对立，见下铜山话上声常域普通凹调｛303｝和阴平下域嘎裂凹调｛**202**｝的对立。

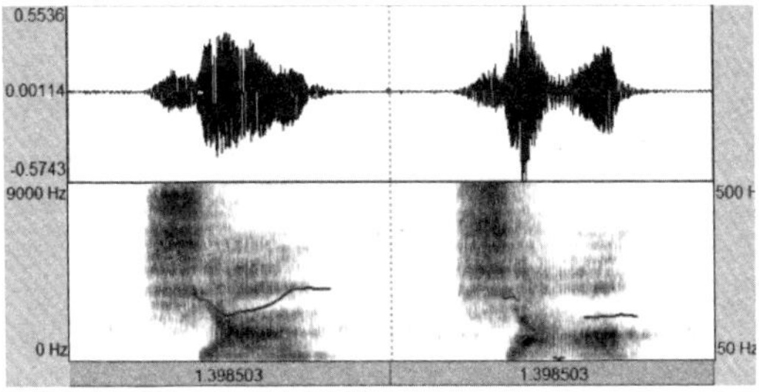

图 17　中原官话铜山城关话，［左］想 ɕiaŋ^{324}，［右］乡 ɕiaŋ^{303}

还有一种介于可选特征和区别特征之间的情况，那就是“必备特征”。例如嘎裂声在吴语台州方言中是阴上和阳上的显著特征或必备特征，几乎每个阴上和阳上字都带有嘎裂，但它不是唯一的区别，相伴随的还有音高区别。另外，我们在胶东荣成等方言中也发现类似情况（赖伟等 2016）。这种必备特征是语音演化的一个可选方向。

嘎裂声不但在辨别声调时起作用，而且在构成小称调时起作用。小称调一般都是以高调来表达，嘎裂声的作用就是用压到超低调的方式来凸显后半截正常调的“高”（朱晓农 2004b）。

3.9.2 什么是喉堵态？

嘎裂声发得过分便成了喉堵态。发嘎裂声时，声带强烈紧缩，只有前段勉强不规则地振动声带；同时有可能假声带也聚拢压迫真声带。如果声带紧张度更高和/或假声带压迫更强，就会造成堵塞声门、停止发声的喉堵状态。图 18 是大连普兰店的喉堵态，这个上声凹调中间点亮部分是一段静波，声门完全堵塞，没有气流，没有能量。

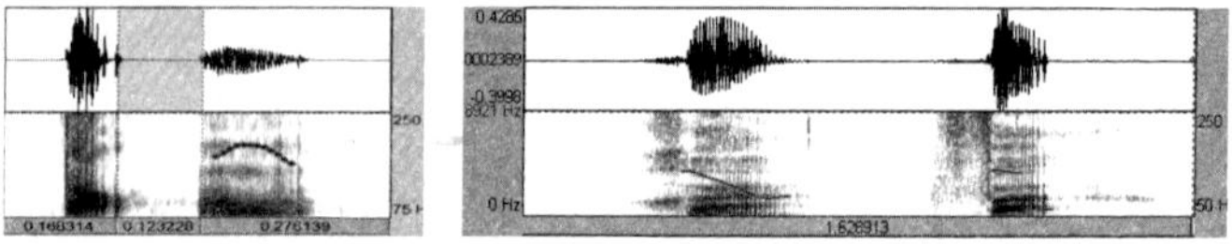

图 18 ［左］大连普兰店“懂”tʊŋ^{303}，［右］元氏城关话阳平“寒”xan^{52}，去声“饭”fan^{50}

喉堵有时还是长央两个降调对立的特征之一。图 18 右是秦晋官话元氏方言的两个降调，调头一为 136 Hz，一为 138 Hz，阳平长降｛52｝，去声央降｛50｝由喉堵截尾。

3.9.3 什么是弱僵态？

嘎裂声发得不足便是弱僵态。图 19 是中原官话魏县话一对僵声例字，魏县话去声字大多带有嘎裂声，如“饭”字。但也有些字基频曲线没有中断，音强变小，音高降低，曲线有点飘忽，接近于断裂，这是弱僵态的表现，如左面的“害”{32̰3}。

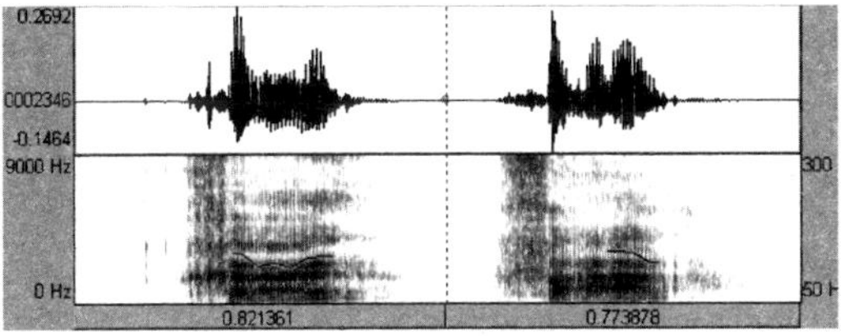

图 19　魏县去声僵声：弱僵态 xaj[323] “害”，嘎裂声 fa[303] “饭”

还有一种嘎裂化内爆音，如图 20。哈尼话有松紧元音之分，紧元音是嘎裂元音，有时整个音节都嘎裂化了，常常呈现如下图左所示的嘎裂化弱内爆。这种内爆音的特点是起音较低，音强较小，但持续较长，最长几达 200 毫秒。中图仙居岛字声母内爆音也带着隐约的嘎裂。右小图泰语ɓ̰an 开花也是弱僵态内爆音（作为振声塞音/b/的变体），听感上没到哈尼语嘎裂化内爆音那么紧、那么僵硬。泰语有两个振声爆音b̬和d̬，与清不送和清送气鼎立，如：b̬â：狂，pâ：姑，pʰâ：布 | d̬à：咒骂，ta：眼睛，tʰâ：着陆地。赖福吉等（L&M 1996）认为发b̬，d̬时声带较僵硬，至少在持阻之初处于 stiff voice 状态，甚至是嘎裂声状态。这种喉部紧张、声带僵硬的状态接近嘎裂声，发出的音高很低。由于赖/麦没发现有哪个语言中存在着两个或以上比常态振声更低的发

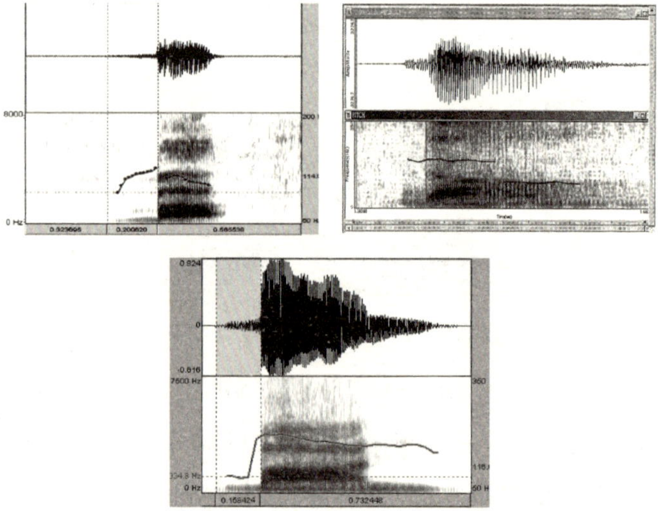

图20 ［左］云南绿春县大寨哈尼话的嘎裂化内爆音ɓ̰a̰ ^{31} 抬，［右］吴语仙居县塘弄村岛ɗ̰ɔ̰ 3a.［下］泰语僵声内爆音ɓ̬an 开花（泰语例词取自IPA网）

声态，而泰语式的stiff voice和嘎裂声又很难区分，所以他们觉得没必要多提出一个发声态，只是听感上还是能感知不同的。其实这就是我们声素系统中的弱僵态。

3.9.4 僵声跟张声有什么区别？

嘎裂声和中喉塞——中喉塞指的是两个元音之间的喉塞，这很常见，只要延长a～～～，中间时断时续，就有了中喉塞的aʔaʔa。普通话“西安”ɕiʔan中间就有个中喉塞。嘎裂声则是一个音节中间有断裂。中喉塞和嘎裂声之间的共同点是音节和声调中间都像折了一样，声门都要关一关。不过它们的发音生理截然相反：中喉塞的塞是往两端拉长声带来关住声门，从而止塞发声；嘎裂声（及喉堵态）的塞是朝中间收紧声带来关住大部分声门，从而止塞发声。两者声学和听感特征完全不同：喉塞引起升调（至少不降），嘎裂声导致降调。还有一个音节学区别：张声中喉塞一般把前后元音分割到两个音节中，而凹调中的僵声（嘎裂或喉堵）则和前后元音处于同一个音节中。

喉堵态和喉塞——喉堵是造成静波的强嘎裂，所以跟同样有静波的喉塞更容易混淆。生理区别在于喉塞拉长拉紧声带以止住发声；喉堵挤紧挤短声带止住发声，同时假声带还可能压上去。声学和听感上喉堵造成音高下降；喉塞不会，还常常提高音高。

3.10 还有哪些概念要澄清?

3.10.1 清浊到底是什么?

本节内所提到的术语仅限于本节。有关发声态概念，最需要解释的就是清浊这对名词。这对陆法言、颜之推就已经用的术语，1 500 年来沉淀了很多层次的含义，例如在以下两句话里，可分出四种含义：

1）这个浊音$_1$ 其实是不浊$_4$ 的，但听上去还是有点浊$_2$，应该是清音浊流$_3$。

2）英语里的浊音$_4$ 字比起法语来没那么浊$_4$，算是半浊$_4$。法语浊音$_4$ 字才是全浊$_4$。不过不管法语浊音有多浊，也没有吴语浊音$_1$ 那么浊$_2$。吴语清音浊流$_3$ 一向被认为是浊$_2$ 音，但其实是清音。而欧洲语言不管浊音$_4$ 还是清音$_4$，其实都是清洌声。

这不是绕口令，而是由于清浊，尤其是浊，承担了太重的任务而引起的歧义。这些浊字表达了四个意思。浊$_1$ 是古类名（古类名也有歧义），浊$_4$ 是常态带声，浊$_2$ 是听感浑浊，浊$_3$ 是弛声。清$_4$ 是不振声，清$_3$ 是清洌声。所以这两个句子想说的是：

1′）这个来自古浊声母的字，其实不是振声，不过听上去有浊音感或浑浊的蜂音感，应该就是弛声了。

2′）英语里的振声辅音比起法语来振声性没那么强，是持阻期内半程振声，法语才是全程振声。不过，不管法语振声辅音持续多久，也不像吴语来自古浊音类的字那么有浑浊听感。吴语的不振声声母的气声音节是听感浑浊的音，但欧洲语言不管不振声 p，还是振声 b，都是听感清洌的常态清洌声（p 是清洌 I 声，b 是清洌 II 声）。

音韵学中清浊最早的含义，也就是陆法言、颜之推的原意，是听感上的“清洌嗓音/浑浊嗓音”（含义 2），并按此分出的清音/浊音类（含义 1）。这是“清浊”的本义：清洌 vs. 浑浊，见下图：

图 21　清洌 vs 浑浊，［左］九寨沟清水浊水，［右］泾清渭浊（百度百科）

从我们的发声态系统来看，“清洌嗓音/浑浊嗓音”对应“清洌声/气声”（含义 3）。20 世纪初西方语音学传入后，清浊被用来对译“不带声/带声”（voiceless/voiced）（含义 4）。所以现在清浊这对词至少对应表 6 的四套概念，见表 6 中 1~4 列。

表6 清浊的含义

	1. 类名	2. 听感	3. 声学	4. 声学	3′. 音法发声态	4′. 音法发声态
浊	古浊音类	整体浑浊感	声母气声	声母常态带声	音节气声	音节常态振声
今名	浊音	浊感	气声	带声	气声	振声
清	古清音类	整体清冽感	声母清声	声母不带声	音节清冽声	韵母常态振声
今名	清音	清冽感	清声	不带声	清冽 I 声	清冽 II 声

由于欧美语音学的传播，使得清浊固定在第四种含义上：带不带声。本来呢就像赵元任说的，就这么叫也没什么，我几乎就给说服了。但等到整理发声态系统时，发现问题在于，个体命名固然多少可以有点任意性，但系统考虑后还是舍弃浊音这个术语，否则就会出现上面例 1 和例 2 的用法。

表7 振声范围及适用场合

振　　声	振声	嘎裂声	假声	气声	内爆音
表现在阻音声母上	+	少	−	少	+
表现在响音声母上	+	少	+	+	−
表现在元音上	+	+	+	+	−

Voiced 还有个译法“带声”，但因为“带”字常用，常如“这个音不带声，但带气声”“带鼻冠的带爆音”，各种意思混在一起而显得别扭，所以换用了个

“振动声带”的“振声”。振声过去主要用于阻音 p，z 等，但实际上也涉及响音、元音（表 7）。我们现在知道音法发声态是音节属性，而且首先表现在韵母上。假/气/僵声音节主要都是韵母，是非常态发声；与此对立的是“常态带声”（model voice），它本来就不是专指辅音的，更不是专指阻音的。只是在这常态带声即“清洌声”小类里，才分声韵母全程常态带声（振声或常声 II）和声母不带声而韵母带声，即后半程常态带声（常声 I）。

赵元任（1960/2002：546）说：“音分 voiceless，voiced 并不是唯一的主要的发音方法的分别，以清浊的名词来配 voiceless，voiced 也只是为求逻辑上的整齐方便，也不是天经地义。”表 6 中含义 1，2，3 是兼容的、配套的，即中古浊音类（含义 1）是听感浑浊（含义 2）的气声类（含义 3）（朱晓农 2010b）。含义 4 常态带声则跟另三种格格不入，常态带声听感是清洌而不浑浊的（欧洲语的振辅音 b，d，g 听感清洌）。可见现在不要说逻辑上“整齐方便”，已经错位矛盾了（清洌的振声 b 如果命名为“浊音”，那真正浑浊的不振声 p̈ 也是“浊”？），那就更不天经地义了。所以浊就不用了，免得出现上面例 1、例 2 的四层含义纠缠。不过清还可以用，因为清不像浊指向两类（振声和气声），也不像浊混淆清浊，甚至使清浊矛盾。

“清浊这对名词在音韵学史上用法沿革，起初是非常浑浊，后来才渐渐的澄清的”（赵元任 1960/2002：542）。后来又加上听感的、生理和音法发声态的含义，用法就更浑浊了，希望现在能变得清洌点。

3.10.2　赖福吉的 breathy and slack voice 是什么意思?

不但气声、浊声、浊送气、浊气流在中文里一团糨糊，英文里也好不到哪儿去——气声一向是歧义纷扰之处。早些年英语文献中有以下四个术语：

1. 气浊声/浊送气 breathy voice/voiced aspiration;
2. 耳浊声/哞声 whispery voice/murmur。

这四个术语卡福（1977）和拉佛（1994）分成两组。拉佛的分类说清了两端的概念，气浊声是带声加韧带声门送气的复合发声态，耳浊声是带声加软骨声门耳语声的复合态。但由于韧带/软骨声门的开闭度、中央紧张度等都是连续统，具体操作时很难区分。

赖福吉根据声门开闭度/气流量大小区别出两类：气声（breathy voice）和弛声（slack voice），这个标准较易掌握。更重要的是，语言学中的气声不必跟生理发声态对应，有此两类大致可以应付（当然再加一类弱弛态更好）。其实，就这两类也没见过有音位对立的。

至于发声态的归属，赖福吉等（L&M 1996，§3.1）

把气声等都归于发塞音时的喉部状况（glottal settings）。这样处理问题很大，首先是没考虑塞音在声母位置和介音/韵尾位置性质是不一样的：浊送气塞音、嘎裂声塞音、内爆音等都只出现于声母，所以得说声母塞音的喉部状况才对。其次，不但声母塞音可以有气声，声母擦音也有带气声的，鼻边音也有带气声的，所以得说声母辅音的喉部状况才对。但问题是没有起头辅音的零声母字都有带气声的，所以发声态根本不归辅音所有，更不要说塞音了。第三，气声的声学和听感特征更多地表现在韵母和声调上，表现在声母上反倒少点，所以气声是整个音节的属性。

赖福吉的错误延续了更传统的错误：在振声性和送气性两个参数下把四种当时已发现的发声态排成两两平行的关系（表 8）。但我们现在知道，不存在这样两两平行的格局。也就是说，这是扭曲处理，因为浊送气 $b^{ɦ}$ 是非常态发声，不能跟另三个常态发声放在一起，而要放在气声类下。

表 8　不存在如下两两平行的振声性、送气性关系

	不送气	送　气
清　声	p	p^{h}
振　声	b	$b^{ɦ}$

这个传统错误还有更深的根源。那就是未能把发声态纳入音法范畴，见 3.4 节中 Hockett、Henderson 的论述。

3.10.3 赖福吉的 stiff voice 是什么意思？

赖福吉和麦迪森（L&M 1996）提出一个“stiff voice”的概念，指与声带收缩有关的喉部轻微紧张、声带轻微僵硬，尽管这个概念比起往日的紧喉（glotalization）的宽泛含义来收敛了很多，但仍不明确。赖/麦的（stiff voice）包括从泰语低沉僵硬振声塞音到朝鲜语脆硬清爆音两种不同状态的声门活动。上面已经看到这是两种情况，前者与低调相关、声带中央收缩很紧，临近或正好产生嘎裂声，这是弱僵态和嘎裂声。后者与高调相关、涉及声带纵向紧张，有前喉塞，这是张声。

3.10.4 要点有哪些？

音法发声态是一个全新的概念。以往都是从生理和声学角度作为单个音段的附加特征来研究发声态的。

音法发声态最早提出时还有“全紧声”这一概念（朱晓农 2006），后来提出第一个系统时（朱晓农 2010）已经分化为假声和张声。那个系统中是六类十一种，此后五年多增加了三种，现有六类十四种。六大类中清声即清冽 I 声是个底伏发声类，其他五个都可跟它构成对立，所以都有资格独立为一个音法发声态。

张清僵气内部都有小类。清声内部三小类都可形成对立。张声三小类中有两类可形成对立。气声内部三小类无对立。僵声内部三小类，喉堵和嘎裂分别作为长调和央调对立时的伴随特征，这是一种准对立。

为这些发声态定名是个困难的过程，尤其是“清浊”。我曾经长期沿用清浊的现代含义带不带声。本来照赵元任说法，术语无所谓对错，只有用法的演进。单个的术语的确如此，但成系统的概念要是随俗，则易造成矛盾。如果从俗，那么就得说清声和浊声发音上都是常态发声，听感上都是清冽声；而气声倒是浑浊嗓音——别扭不说，太误导了，你让人尤其学生怎么来理解**英语法语的浊音其实是清冽音**。所以要沿用浊音就是带声义，这真的会阻碍个人的进一步深造、学科的进一步发展。

再三再四考虑之下，最后决定弃用浊声，常态振动声带的声母 b 等和常态带声韵母如 a 组成的音节，其发声态小类叫作振声，往上大类叫常声 II。清声留用，作为常声 I 的简称。清声出现的音节，其韵母为常态带声的 a 等，其声母为常态不带声如 p、p^h 以及常态带声的响音如 m、l 等。

这样做又多出了两个新名词，好处是记住了新名词，顺带也记住了新概念。缺点是又要有新名词了。

唉，我其实很保守，造个新名词都要首鼠两端十多年，可问题是，太多的新概念需要有个“副其实”的名。

3.10.5 怎么回答这些网上问题？

问题1：北京话上声伴随嘎裂的话，那在确定调值的时候，应该是归入纯低调，还是该归入常域呢？

答：这个问题纠缠着好几个小问题。首先要分清音节学概念“声调/声域”等和它们的语音实现“基频/发声态”等。声调是音节的一个直接成分。声调下面有三个直接成分：声域、长度、音高——到这儿为止都是音节音系学的概念，这些都是不同层次上的音节成分。再往下，声域实现为各种不同的发声态——这是语音实现。（这跟声母、韵母是音节成分，语音学上实现为辅音元音是一个道理。）

语音学上的“发声态”与音节成分“声域”有以下三种关系：

1）发声态是声调的伴随特征，不是必要的，如北京话上声，它的嘎裂声是个可选特征，不是必备特征，所以北京话上声的嘎裂声不构成一个声域——下域。

2）发声态起到区别作用，比如中原官话铜山话，它有两个凹调，起点高度相同，区别在于一个是清冽声，一个是嘎裂声。此时的嘎裂声是个区别特征，它定义了一个下域。即两个凹调，清冽声凹调在常域，嘎裂凹调在下域。

3）介于上述两者之间，如胶辽官话荣成、乳山话，它们有且仅有一个凹调，但这个凹调基本上都带有嘎裂声。此时的嘎裂声是个必备特征，在共时平面上它不一定要定义一个下域。不过，在演化过程中，我们可以看到从铜山类型到北京类型的一个过渡阶段。

至于“应该是归入纯低调，还是该归入常域呢”？——这两者不是互补关系，北京话上声是常域中的纯低调。

问题2：纯低调的发声态表现为僵声和嘎裂吗?

答：不一定，纯低调的发声态可以是常态发声，也可以是僵声（僵声是嘎裂声的上位概念）。纯低调的定义是：一个调系中不以升降平凹等拱度来区别的纯粹低调。它的曲线可以是最低平{22}、低降{32}、低升{23}或低凹{323}，可以带、也可以不带嘎裂声或气声。

问题3：通常情况下，纯低调的基频值范围是多少？或者说，可以有很好的方法从语图上看出来吗?

答：纯低调没有一个“绝对值”，事实上，所有声调都没有绝对值。每个人的基频范围不同，所以每个人的纯低调高低也不同。不过，它在个人的基频范围内是最低的。

4. 如何认识声调?

终于我们迈进了声调大厦。

我们要登堂入室了。(竹子)

本章内讨论声调的基本概念和研究方法，有关声调类型见第八章“什么是音法类型学”。

4.1 声调是什么?

4.1.1 怎么说明描述?

“声调是什么？”看过本书“引言”的读者已经明白，这是个介于“张老三”和“爱情”之间的问题，答案得加以说明、描写。

声调（作为时间的函数）是能区别词汇意义的音高，这是从刘复（1924）、赵元任（1922）以来国内外（如 Yip 2002）普遍接受的标准观点。例如普通话同样一个音合*ma*，带上四种不同的音高，就有了四个声调不同、意义也不同的*ma*：*mā* 妈，*má* 麻，*mǎ* 马，*mà* 骂。这种说明描写式的定义在我的《语音学》（2010a：272）中更为细化了：

> 声调是音高在语言中系统地用以区别词汇意义、具有音位意义、落实在音节上并多于两个的类别。

几年前的《语音学》一书中，对声调还只能下这种描写性定义，归拢了一连串东比西比得来的非区别性特征。那不是逻辑定义，是介于逻辑定义和文人感性认识之间的描写性定义，把声调跟各种不同系统中的事物相比，从而得出五个特征（见上有下划线部分）：跟语调比它有词汇意义，跟情感音高比它有音位意义，跟轻重音比它有至少三个类，跟唱歌、咳嗽比它用于语言系统，跟偶然区别词义的音高比它是系统的——比了一连串不在同一个逻辑系统中的东西。

不过，比起以往的定义，这个定义还是有了很大的改进，一是考虑更精密了，不是一个“区别词义的音高”就算了。还有一个总体改进，即指出声调是语言学中落实在音节上的范畴/类别（见上阴影部分）。这总算暗含了声调在音系学中的上位单位，但它还是没指出种差，更重要的是仅仅有音节和声调两级音法单位，并不足以构造一个音法单位（首先是音节成分）的逻辑分类系统。所以说，像《语音学》中那样的定义，从逻辑分类、科学理论角度来说，离合格还差一步。要能指出所考察事物的属和种差，得先有一个逻辑分类系统。所以类型学没做好之前，谈本质属性都是谈玄。

把声调安排到音节下，确定与同属的另一成分的差别，这是声调认识的一小步，却是音法学的一大步，因为这导向以音节为基本单位的音法成分分类系统的下一步工作。

4.1.2　错在哪儿?

现在我们进一步来分析上一节中的声调标准定义错在哪儿。这个定义有五方面的缺陷：第一，这是声调的外部定义，而不是语言学内部的定义，即不知声调的属。第二，不知用什么区别特征区别它的对立面，即不知种差。第三，既不知属，又不知种差，那么就无法进行逻辑定义，也就是不知道声调的本质属性。第四，声调的构成成分除了音高、时长外，还有实现为发声态的声域，即不知道声调的成分。第五，如果成分都不明了，就更遑论结构了。

先来看第一个缺陷，把声调看成是音高的下位概念。这可以区别于任何非声调的音高，如唱歌、咳嗽，就好像把张三定义为“会说话的动物”。这是个外部定义，用以区别人类以外的狗熊、兔子，而不是区别同为人类的李四、王五。所以，声调的语言学定义，它的上位概念不应该是音高，而应该是某个语言学范畴。

因为第一点属错了，所以第二点种差也必然错了。

所谓本质属性，就是给出逻辑定义。所谓逻辑定义，就是给出属加种差。既然前两点都错了，第三点对声调本质的认识必然也错了。

第四个缺陷是对声调构成的认识错了：声调不单单是音高，还有发声态和时长。这一点研究东/南亚声调语的西方学者已经认识到（cf. §3.4）。

因为成分都没搞清楚，所以第五点声调的内部层次结构就必然搞不清楚。

缺陷这么大，这么明显，所以直到十年前，我（2005a）还在说："对于声调这栋大厦，我们才刚一条腿迈进门槛"，尽管此前剑桥大学出版社出了两本形式派声调研究的经典大作——Yip（2002）的 *Tone*，陈渊泉（2002）的 *Tone Sandhi*——宣告声调研究已告一段落。

从我说那话后又过了六年，其间音节理论建立了（2008b），第一个调型库提出了（朱晓农/衣莉 2011），我才挺起了点胸膛："我们两脚跨进了声调大厦，我们要登堂入室了。”

直到此时，我们才告别了迷人的“爱情”，迈向平实的“张老三”。我们才能把“声调是什么”这个问题改为“什么是声调”！

4.2 什么是声调?

4.2.1 怎么来逻辑定义?

“什么是声调？”这才是问的指认问题，回答是要给出逻辑定义的。

好在我们已经把音节定义为音法学的基本单位，接下来的事情就非常简单。声调的本质定义就是音节的 IC 声合的唯一 IC，与另一个 IC 音合对立（种差）。下辖声域、长度、音高三个直接成分（见图 22，声调在音节中的地位及其结构）。在声调语中，声合只有一个直接成分——声调，即声调等同于声素组合。在非声调语中，把“声调”“拱度”“4/3/2/1”三个框拿掉，声合直接下辖声域、长度和音高。例如欧洲语/阿尔泰语中声域简化为常域一个，长度减为长短两度，高度减为 H/L 两度。这样就可以便宜行事，把单声域中的振不振声看作声母特征，把两度长短和两度音高看作韵母元音的附加特征。但在亚非声调语中（尤其还有特殊发声态的），就需要把非线性的声合完整地表达出来（Zhu 2017a）。发声态是声域的语音实现，正如元辅音是声韵母的语音实现一样。

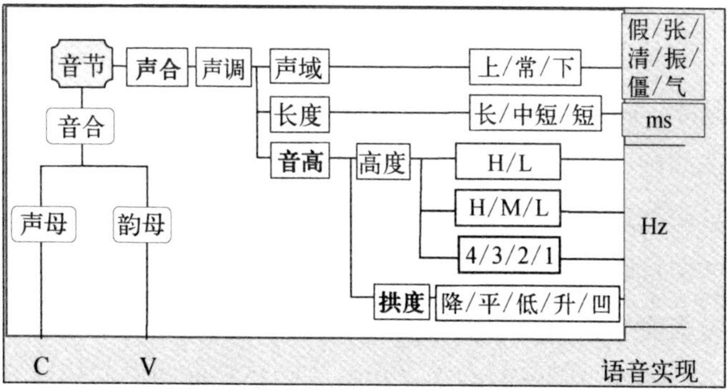

图 22　声调在音节中的地位及其结构

我们的声调大观综合了观点 I（音高、音长和发声态的综合体）和观点 II（音节的非线性 IC），上面 3.4 节已有完整论述。

4.2.2　什么是声调成分和声调目标?

负荷声调信息的除了音高以外，还有时长和发声态。音高是任何调系都需要的，时长和发声态只在某些调系中起区别作用。声调的音高曲线上有两个概念要掌握。

声调成分——一个声调有三个组成部分：调头、调干、调尾。调头指声调前端受到声母辅音、初始态等因素影响的部分，大约是开头10%～20%的音高段。调尾指声调终端受到音高自然衰减、非音位性喉塞尾等因素影响的最后10%～20%左右的音高段。去掉调头和调尾，剩下来的就是调干。

声调目标——这个概念较难掌握。一个声调有时间延续，在这时间过程中，有些部分比另一些部分对于声调的辨认更重要。那些对于辨认声调来说重要的部分就是声调的语言学目标，简称声调目标。那些对于辨认声调不重要的部分则是声调的羡余成分。确定声调目标和羡余成分的出发点是基于声学数据的统计分析结果，而最后的确定则需要有合成和听感实验。声调目标的统计学特征即所在点的声学数据方差较小，也就是说在发某个声调的某些个特定部分时，发音人要努力达到的一个相对较窄的音高范围。与此相反，方差大的点是羡余成分，是指音高范围容忍度较大的那些个部分。方差小的地方是语言学的目标，所以所有发音人都努力去达到；方差大的地方不是语言学的目标，所以发得高点低点无所谓。

概括而言，一个声调的峰点是声调目标（之一），不管它是平调还是仄调，高调还是低调。具体地可以分两层，一是从五种拱形着眼，二是从三个声调成分着眼。

从拱形来看，平调从头到尾都是语言目标，理论上如此。这是因为如果调头发低了，整个声调就变成了升调；如果调尾发低了，就变成了降调；如果调干发低了，就变成了凹调。而如果调头/干/尾发高了，就会变成降/凸/升调。因此，对于平调来说，要保持一个稳定的音高延续，整个声调的三个部分都是发音人要实现的语言目标。但这不包括以下由生理原因制约的情况：1）高平调有一个上升的调头，2）低平调有一个下降的调头。这是因为发音常常是从初始态出发，声调的初始态是常域四度里的｛3｝度，因此，高平调就有个从初始态出发的｛3｝度起点｛355｝，低平调也有一个从初始态出发的｛3｝度起点｛322｝。在这两种情况下，｛3｝度起点是个羡余成分，可以不在四度制内表达出来。3）长平调常常有一种调尾的自然衰减现象，这是由两种原因造成的：第一是回复初始态｛3｝，第二是由疲劳、懒惰、省力等非语言学的生理原因造成的基频自然衰减。4）声母辅音会对调头产生影响，清辅音起音高，振辅音起音低。5）发声态会对音高整体或部分产生影响，如气声、嘎裂声会降低音高；假声、张声会提高音高；清冽声类（清声和振声）的音高适中。

升调和凹调——升调的目标是在调尾终点处的峰点。如果一个语言中有两个发声态相同的升调，区别点一般在于调尾峰点。也就是说，如果有两个升调，四度制中一般是｛35/25｝和｛24｝。与升调相似的凹调，其语言目标有两个，一是调尾处的峰点，一是调干处的低凹点。低升调的基频曲线往往有个下降的调头，即整个调形也呈现前倾的凹形。升调和凹调的区别在于拐点的位置。以经验来判断，拐点在时长20%处或之前（调头与调干交界处）的是升调，在其后的是凹调。

降调和凸拱——降调的目标是起点，或在时长最初的5%~20%的调头与调干交界的峰点处。降调的调头调干交界基频峰点处的基频方差一般较小，而降调调尾低点处的基频方差很大。从分布上来看，如果有两个降调，一般是一个全降｛52｝，一个中降｛42｝。微降｛54｝出现的条件是同时有个全降｛52｝和高平｛55｝。与降调相似的凸调，其语言目标也在峰点处。

从声调成分来说，调头是降调和平调的目标。调干是平调和凹调的目标，但升调、降调的调干只是过渡段。调尾是升调、凹调、平调的目标，但不是降调、凸调的目标，除非另有原因。

语言目标不一定等于调位或声调的区别特征，但声调的区别特征则理论上是语言目标。也就是说，某调系中的声调区别特征是从声调目标中选取出来的，以精炼表达该调系中的声调对立。

4.3 怎么描写表达声调?

4.3.1 发声态和声域、音高是什么关系?

描写声调就是为四个语音参数（发声态、时长、音高高度和音高拱度）取值。从程序上看，第一步确定是否有长短区别，第三步确定音高，具体见8.3节。第二步确定发声态是一个新步骤，是发现了发声态的音法学功能后才提出来的。

发声态有六大类。清声是底伏发声态，定义一个底伏的常域。任何语言都有清声，不单单是声调语，所以任何语言都有这个常态声域。假、气声在构成非常域时起较大作用，其余三类只是偶尔定义一个声域，大多数场合与其他发声态互为变体。从目前掌握的1 500个调系的声学材料来看，定义上、常、下三个声域够了。这三个声域及定义声域的发声态，以及相关的音高高低排列如图23。

上域由假声定义，音高远超常域。张声一般作为清声的变体，但如果假声出现，张声就会和假声共组一个上域。在较少情况下张声独自定义一个上域。下域由气声定义。振声和僵声都可以是常域、也可以是下域的一个实现体。僵声引起最低的音高，在非声调语中可以是

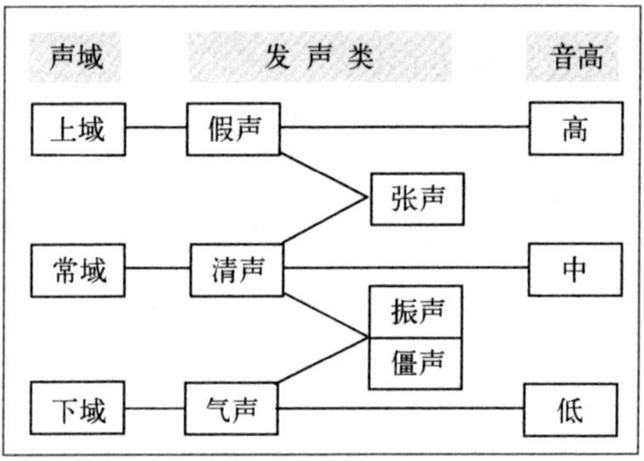

图 23　定义三个声域的六类发声态

音位性的，在少数情况下跟清声对立，自组一个下域。但如果已有一个气声下域，僵声是否还能在其下独立定义一个“最下域”？理论中有此可能，但实际上可能会因为听感或其他因素而有所限制。振声在非声调语中常与清声对立，但在声调语中如果定义一个下域，则可能与气声（吴赣湘等）或僵声（泰语）互为变体。

发声最简单的语言只有一个底伏常域，北方官话都是单声域的。吴语、湘语、赣语等有两到三个声域：常/下域，常/上域。少数情况下有三个域。在我们的实地调查材料中，发现过有四种发声态的，但只需定义三个声域。对于声调语言来说，由发声态定义的声域区别对声调感知、分类、音系处理都有决定性的影响。

无声调语言中也有多于一种发声态，它们有时有音位对立（东南亚/南亚语言），有时只起副语言学的作用（欧洲、阿尔泰语言）。有四种发声态并构成对立的只见过一例，确切性有待核实。

声域和音高有个对应关系：上域最高，其次常域，下域最低。这是因为六类发声态尽管涉及的喉头活动各不相同，但都与声带纵向紧张有关。声带纵向紧张度从高到低是：假声>张声>清声>振声>气声。假声和前喉塞张声声带纵向拉得最紧，基频也最高。清声和振声一般，所以基频中等。气声纵向最松弛，所以基频最低。僵声的纵向紧张是收缩的，加上其他喉部紧张也都是收缩，遏制了声带振动，所以基频往往处于频域最低端。

三个声域的划分既有生理学基础，又有声学相关表征，最主要的是有音法学的区别功能。

4.3.2 什么是分域四度标调制？

不是每个语言都有发声态的区别，那就不分域，也就是单域——常域。如果有发声态区别，则需分两个或三个域。每个域中各分四度来描写音高。图 24 是分域四度制的完整形式：三域六度。每域各四度，每域各差一度，加起来共六度。从经验上来看，这大概是声域数和度数的极限。

发声简单的语言只有一个常域，客家话、绝大多数官话和粤语方言都是单声域的。尽管有数以百计的方言中存在嘎裂声，但大多只是低调的伴随特征，不构成一个下域。分有两个域的语言/方言大量存在于吴赣湘、苗瑶、侗台语中。双域可以是常域和下域（气/僵声），或者常域和上域（假/张声）。分三个域的语言比原来想象的多，东南吴语、北赣、苗语中都有。从经验上来说，三域六度是最多的了。分域标调的好处之一是可以跨语言进行同声域的声调比较研究了。

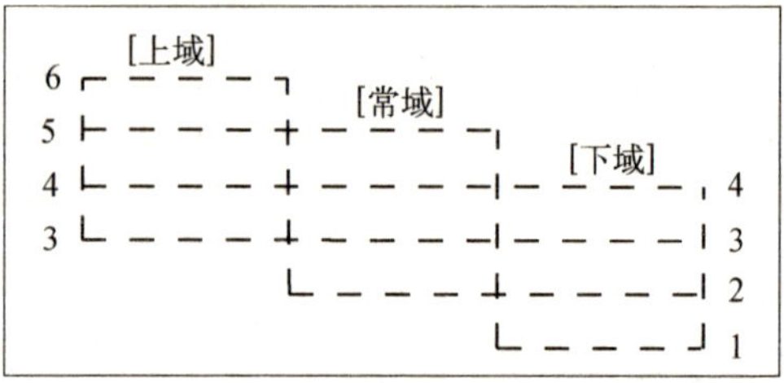

图 24　三域六度的声调模型

在分域四度制中，声域数和度数相互决定对方，因此能够作以下理论预测。

（1）如果没有声域对立，最多可以有四个平调。如果多于四个平调，则一定有声域对立。

（2）如果有两个声域，最多可以有五个平调。如果有五个平调，则至少有两个声域。如台巩县施洞口清江黑苗方言（Gwan 1971）有气声下域，高坝侗语（朱晓农/吴和德 2006）有假声上域。

（3）如果有三个域，最多可以有六个平调。如果有六个平调，则一定有三个声域。得到证实的六平调系统有鱼粮苗语（朱晓农/石德富/韦名应 2012）。

5. 如何认识元音?

元音在音节中的功能和地位就像家里话事的贤妻良母。（竹子）

5.1 传统观点怎么说?

元音传统上是从生理和物理角度来定义的：发音时口腔内没有阻碍且不产生噪声的音段。

传统上元音主要按三个生理参数描写和分类：舌面高低，舌位前后，唇形圆展。

5.2 新的看法怎么说?

5.2.1 怎么定义元音?

传统的元音观即使在欧洲音系中也陷入一个困境：半元音（现在叫近音）**j**，**w**（还有 ɻ ɹ）都是口腔内无障碍、没噪声的，但归入辅音类。另一方面，又把亚洲语言中大量存在的舌尖元音ɿʅ等都排除在元音之外。为改进上述两个缺点，一个新看法提出来了（朱晓农 2010）：

> 元音是在音节中充当韵腹，并且口腔阻碍不明显或小于辅音的音素。

这里有两个条件。第一个韵腹条件把不充当韵腹的近音 j，w，ɻ 等排除出去。第二条口腔阻碍条件把鼻边音排除掉、但把微擦元音ɨ和舌尖元音 ɿ ʅ ʮ ʯ 包括进来。

这个看法《IPA 手册》（1999）已经提到，不过它还没有很爽快地说韵腹（nucleus），而是说“音节的中心”（the center of the syllable）。

5.2.2 怎么描写元音？

现在正式描写元音，不是靠传统的三个生理参数，而是用声学参数第一、第二共振峰（F1×F2）。共振峰从低到高有很多，辨识元音主要靠 F1 和 F2。F3 只对辨识某些元音特征起作用，如圆唇、日化、咽化等。从 F4 往上音强已经很弱，对元音辨识不起什么作用。

图 25 前两个是法语 11 个元音和英语 10 个元音的 F1×F2 声学图。图中纵轴和横轴用的都是对数频率的刻

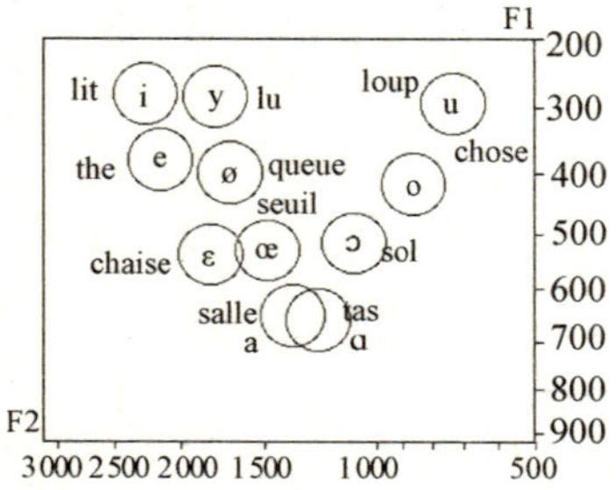

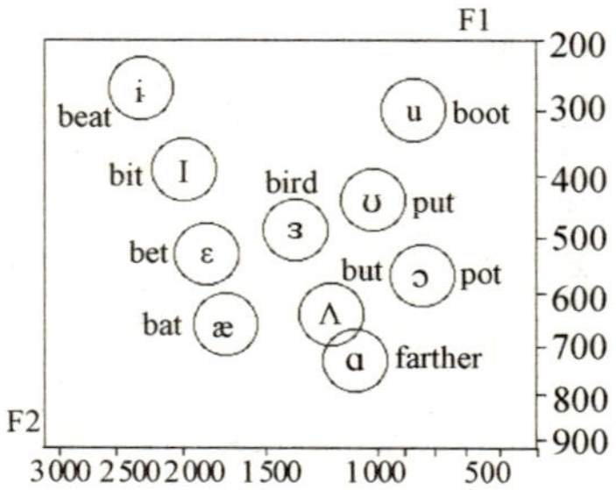

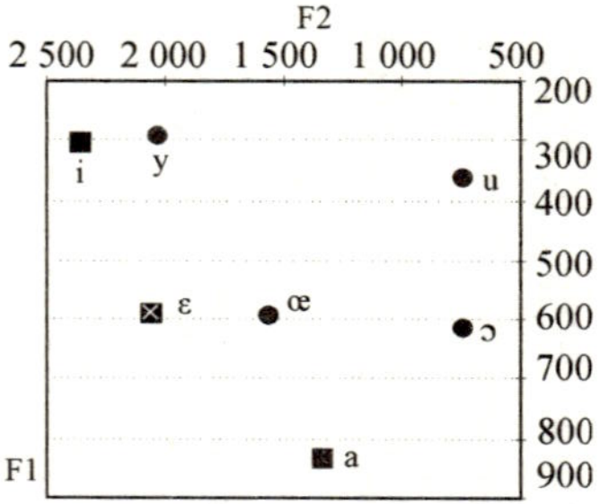

图 25 ［左］法语 11 个元音，据 Azami（1992）；［中］美国英语 10 个元音，据 Peterson & Barney（1952）；［右］粤语七个元音的声学图，据严至诚（2011）

度。英语和法语的元音系统是所谓的四边形分布，即有两个低元音。世界上还有很多语言的元音是三角形分布，如意大利语的七元音系统。香港粤语的七个可用作韵体的单元音也呈三角形分布（图25右）。

5.2.3　声学图和舌位图是什么关系?

元音的声学图与舌位图大致对应。舌位高低跟F1负相关，舌位前后与F2正相关，所以两种图自证又互证其合理性。为了对应传统的元音舌位图，一般以X轴表示F1，以Y轴表示F2，然后翻转这两根轴，即原来在左下的原点翻到右上。结果纵轴表示F1，刻度上小下大。横轴表示F2，刻度右小左大。

这当然只是一种简化了的方便说法，话语中的共振峰频率并不这么直接简单地对应舌位，还有一些其他因素在起作用。不过，这个简单说法可以理清楚调音器官（舌头、嘴巴、嘴唇等）的活动和因此而导致的语音性质之间的基本关系。

5.2.4　声学图和舌位图发生矛盾了怎么办?

发生了矛盾以声学图为准。用共振峰参数描写元音有时会跟舌位图有偏差。一个明显的例子就是i之下、e之上的那个1号半元音ɪ。在《IPA手册》（1999）的语言举例中，印地语的ɪ是好好的1号半（图26左）。德语的ɪ和e差不多高（第二小图），像是2号e。而美国英语的ɪ（第三图），则在e下，像是2号半。右小图把这三个ɪ画在一张图上显示与e的相对位置。这些图都是按F1xF2来画的。“ɪ在e下”表示的是前者的F1低于后者。“ɪ~e等高”表示的是两者F1相近。

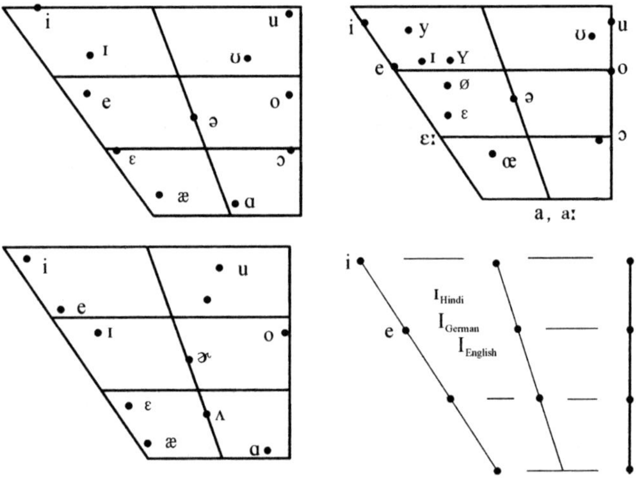

图26　1号半元音ɪ和2号元音e在印地语、德语、美国英语中的相对位置

这样的相对位置关系，说明ɪ、e只是表示两个不同的音的符号。至于这两个音到底有什么区别，各自的语音性质如何，那就看F1和F2值。这种声学图和舌位不对应的情况也表现在其他元音上，例如英语的/ʌ/接近于接近国际音标央元音ɐ的位置，朝鲜语的长/ʌː/则接

近于中高央元音 ɘ。所以，IPA 元音音标代表绝对音值的传统概念恐怕难以维持了。IPA 大体上只能起一个音类符号的作用。

元音研究一直是语音学进展的一项重要标志。语音学最初成为一门科学意义上的研究可以追溯到 19 世纪下叶赫尔姆霍茨奠定共振管理论以研究元音作为标志。此后，琼斯的定位元音，方特的元音声学理论，赖福吉提议的定量表达，赖福吉，尤其是朱晓农（2010，第 10 章）明确提出元音的音节身份的辅助定义，朱晓农（2010，第 9 章）关于松紧元音的辨识和元音的调音色彩和发声色彩的分类，都标志着语音学理论的进展。

5.2.5 北京话有几个元音？

这看上去像是问的语音问题，但实际上跟音法分析相关，所以根据不同的分析，答案差别很大。最少的只有 3 个，最多的有 11 个。根据我们元音定义中的韵腹标准，识别某个音系中的元音，实际上是指该音系中的韵腹系统。韵腹元音分以下三类，以元音 a 为例：

表 9 三级六类元音

	1（无介音）	2（有介音）
A. 韵体=韵腹（ø 韵尾）	**a**	**ja，wa**
B. 韵腹+辅音韵尾	**aʔ，ap，an**	**jap，wan**
C. 韵腹+滑音韵尾	**aj，aw**	**jaw，waj**

A 类的 a 是韵体元音，它所出现的音节中没有韵尾，韵腹等于韵体。A1 类是最无标记的纯元音，A2 类是带介音的韵体元音。B 类韵腹元音后接辅音韵尾，通常稍短。同样，B1 类无介音，B2 类有介音。C 类的韵腹元音后接滑音韵尾，它们共同构成复元音韵母。一个音系中的基本元音系统指的是 A 类韵体，扩充元音系统指的是 A、B 两类的韵腹，完整元音系统指的是 A、C 类的韵体和 B 类的韵腹。

订好了标准，可以来清点北京话有几个单元音了。一般对 i，y，u，ɤ，a，ɿ，ʅ 这七个没有分歧，至于 o 是否应从/ɤ/音位中独立出来，日化元音 ɚ 是否要包括在内，则有不同看法。至于 je 夜，ɥe 雪中的 e 一般都不算。根据上述标准，北京话基本元音系统可确定为九个韵体元音，见图 27。o 包括在基本元音集中是因

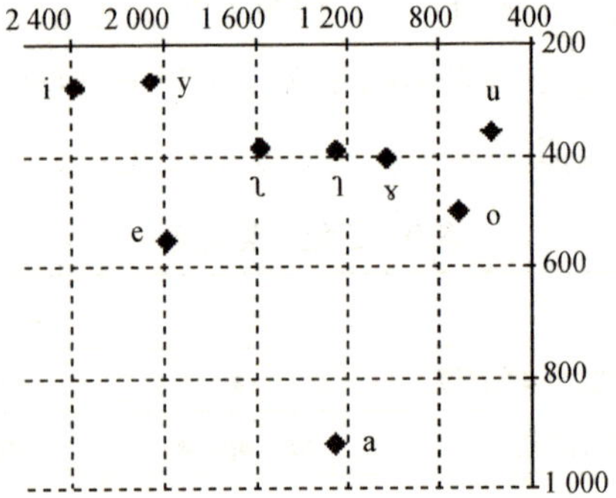

图 27　北京话九个韵体元音的声学图

为它的音质与ɤ明显不同。je 中的 e 也包括在内是因为它可做韵体。ɚ 没包括在内一则是因为有次要日化特征，不是纯元音。二则它实际上有滑动段，像个复元音 ɐɚ。

汉语的辅音较少，而元音及其组合则较丰富。世界语言中以五元音的音系最多（Maddieson 1984），汉语方言一般都大大多于五个元音，而且大多有多合元音。

5.3 什么是非常规舌面元音?

元音一般都是用舌面作为主动器官，但汉语和南方民族语中有三类非常规舌面元音：1）微擦元音，2）舌叶元音，3）舌尖元音。见下表。

表 10 微擦、舌叶、舌尖元音

	不圆唇	圆唇	圆唇	同部位辅音
普通元音	i	y	u	
微擦元音	ʝ/i$_{ʑ}$	y$_{ʑ}$	u$_{β}$	tɕ，ɕ
舌叶元音	ɩ			tś，ś
舌尖前元音	ɿ	ʮ		ts，s，ɹ
舌尖后/卷舌元音	ʅ	ʯ		tʂ，ʂ，ɻ

这三类元音都是**高顶出位元音**（朱晓农 2004），高元音 i、y、u 如果继续高化（i 还会前化），就会使气流通道变太窄而造成某种程度的摩擦（朱晓农 2004）；如果舌面稍稍下陷，则会形成舌叶元音，再进一步便成了舌尖元音。

微擦元音在西北官话、江淮官话、北部吴语中很常见。微擦元音的主动部位涉及舌面最前部到舌叶，被动部位是龈。发音是有轻微到可感觉到的不同程度的摩擦。

舌尖元音理论上是用舌尖（ɿ ʮ）或舌下部（ʅ ʯ）来发的元音，后者即卷舌元音，不过，用舌叶或舌尖靠近舌叶的部位来发的也不少。普通话发音就是如此。

舌尖前元音在汉藏语中分布广泛，汉语各方言中除了粤语，其他都有。舌尖后元音主要出现在北方官话中，圆唇的 ʮ，ʯ 很少见，主要见于北部吴语，黄孝片江淮官话。

舌叶元音是新定义的一种元音，一般与同部位擦音、塞擦音，即龈化辅音共现的。

龈化的概念大约十年前我就已经形成了，文章的草稿也改过几遍，还设计了一个类似一号半元音音标 ɩ 来表示，但直到《语音学》（2010）仍未下决心。后来研究重心放到声调上，稿子就搁下了。直到最近看到麦耘

（2016）等人的文章，提出舌叶元音的概念，才决定与龈化概念进行统一处理，详下章“什么是龈化”。

西方语言学家常把舌尖和微擦元音音系学上处理为成音节的擦音如 z̩ʐ̩ ，这样做不符合元音的韵腹标准。

这三类元音一般和同部位辅音相拼。不过舌尖前元音在少数方言中也与其他声母相拼，如：pɿ 比闭｜p^{h}ɿ 批皮｜mɿ 迷米｜lɿ 尼李（合肥），nzɿ 泥（山西）。舌尖元音一般单独做韵母，少数方言中有用作介音的，如吴语衢州：章 tʃʮã^{434}｜钟 tʃʮoŋ^{434}；杭州：说 sɥəʔ$^{\underline{55}}$；宁波：说 sɥɔʔ$^{\underline{55}}$。黄冈 ʮa（抓刷），ʮai（帅），ʮan（权船）。

6. 辅音的主要问题是什么？

辅音？辅音还有问题吗？（竹子）

6.1 辅音怎么分类？

IPA 的辅音分类首先是按气流机制分为两张表：一张表为普通的肺气流，另一张小表示非肺部气流（见 6.3 节）。普通辅音按调音方式和部位列表。

按调音方式可分六类八种辅音：爆音、（中、边）擦音、鼻音、（中、边）近音、颤音、拍闪音。这六类辅音可合为两大类：阻音和响音。

按被动的调音部位分有九个部位，不包括喉部。这九个部位分别落在前中后三区。前区（从唇到上齿背下部）和后区（腭咽）的性质相似，所以在历史演化和共时变异中有相似表现或能互相转化。中区从上齿背接近齿龈处到腭前，是个纵深不大但难点很多的调音区。

英文语音学著作描写辅音常用 MPV 标签：M 是调音方式（Manner）、P 是调音部位（Place）、V 是清振性（Voicing）。例如发 p 时清声，部位是双唇，方式是爆发，所以它是“双唇清爆音”。又如 z，是“龈振擦音”。现在我们知道，辅音表中同格内的清振区别，还有送气性都是发声不同。但国际音标的处理两者是不一样的。清振性作为基本调音方式区别放在辅音表内，而送气性则是放在附加符号中，与其他发声态如嘎裂声、气声等放在一起。国际音标这样的编制，1）反映了欧洲语言的普遍情况；2）符合欧美人的认知过程，从近到远，从易到难，从熟悉的欧洲语音到遥远的外国腔；3）反映了语音学从欧美发展起来的历史痕迹，最早它只不过是反映欧洲语音的图表；4）也反映了语音学的现实，语音知识的核心概念系统是在西方语音学家熟悉的范围内编织的，然后逐渐扩充开去，“国际化”“标准化”“普遍化”的。

不过现在我们知道了清振送气和气声、嘎裂声、假声一样是发声态，是音节属性，所以，欧美特色的辅音概念 MPV 中的 V（清振性），是要归入发声态中，放到音节结构中去的。

6.2 喉音如何归类?

喉音包括喉擦音 h，ɦ 和喉塞 ʔ。喉音难以归类，是因为它们调音部位（声带）和发声重叠。即使作为方便处理，用个音段符号来表示，比如清擦音用 h 来表示，依然有如下两方面的困难。

一是喉擦音的调音部位不定。发喉擦音时上声道是什么形状完全取决于后面的元音，它没有自己固有的调音部位。在 ha 中，h 跟 a 舌位相同；在 hi 中，h 跟 i 舌位相同。因此从声学属性来看，它的能量集中区总跟后随元音一致，而没有自己特定的能量集中区。再进一步，可以认为 h 相当于清化元音，音值依后接元音而定，如 ha 中的 h 就是个清化 ḁ 。英语 *head* 头 ɛ̥ɛd, *heat* 热 i̥it, 开头的音都是个同部位的清化元音，在可预测时，可以把这些清化元音音位化为一个 /h/，方便地标写为 /hɛd, hiːt/（Bickford & Floyd 2003：95，85）。

二是元辅音定位困难。Bickford & Floyd（2003：95，85）还认为：功能上 h 既像辅音，又像元音。这引出了一个更为严重的元辅音的定位问题。雅各布森等（Jakobson *et al* 1952）提出用［±元音性］、［±辅音性］两对特征把所有音素划分为四个子集：元音是［+元，

-辅]，阻音是[-元，+辅]，响音是[+元，+辅]，而喉音是[-元，-辅]。喉音又不是元音又不是辅音，那它算什么音素？

其实，喉音不是音素，而是声素。生理发声态上，喉塞是喉闭态，清喉擦音即喉开态，浊喉擦音是复合发声态浊送气或耳语振声。音节发声态上，喉塞属张声，清喉擦属清冽声中的清送态，浊喉擦属于气声中的浊气态。

6.3　非肺部辅音如何归类？

辅音一般是以肺部呼气为动力来发的，但有三种辅音不以肺部呼吸为动力：咝音、内爆音、喷音。IPA 为这三种音另开一张辅音副表来安置。由于内爆音和喷音发音时与同部位爆音的区别在于喉头活动不同，所以我们把它们归到发声态中的张声。现在只剩下咝音一种非肺部辅音，可以寄放在其他符号表中。

下表列出了非肺部音和一般肺部音（不考虑零星出现不属于整个音系的肺部吸气音）的异同处。从表左端看，气流机制分类：肺部往外呼出气流的肺部音，不靠肺部气流发音的非肺部音。非肺部音又分两类：一是动力源在口腔内的咝音，二是以喉头作为动力源。后者又分两种，一种靠升起喉头来压缩上声道内气压的喷音，一种是靠降低喉头来稀释上声道内气压的内爆音。从表右端的气流方向看，咂音是气流内入的，喷音则与一般爆发音一样是气流外出的。内爆音除阻后气流是内入的，在持阻期气流从喉下进入口腔以振动声带。喷音是喉头气流机制造成往外爆发，咂音是口腔气流机制造成往内爆发，两者都只有清音。而内爆音则基本上都是振声。

表 11　非肺部和肺部辅音语音性质比较

<table>
<tr><th>气流机制大类</th><th>动力源</th><th>活塞</th><th>音类</th><th>气流方向</th><th>清振性</th></tr>
<tr><td>肺部音</td><td>肺</td><td></td><td>爆音</td><td rowspan="2">外出</td><td>清/振</td></tr>
<tr><td rowspan="3">非肺部音</td><td rowspan="2">喉头</td><td>升喉</td><td>喷音</td><td>清</td></tr>
<tr><td>降喉</td><td>内爆音</td><td>内进</td><td>振</td></tr>
<tr><td>口腔</td><td>降舌位</td><td>咂音</td><td>内入</td><td>清</td></tr>
</table>

6.4　近音的麻烦在哪里？

6.4.1　近音到底是什么性质的音？

近音是辅音，尽管它的语音学性质类似元音，但因为它在音节中不充当韵腹，所以音节音系学中它归入辅音类。

IPA 辅音表章有七个近音符号，列在表 12 中，ʋ 是 2005 年新增的。

表 12 七种近音与相应的元音

	唇齿	齿/龈	卷舌	（硬）颚	唇-颚	软腭	唇-软腭
近音	ʋ	ɹ	ɻ	j	ɥ	ɰ	w
元音	ʉ	ɿ	ʅ	i	ɯ	y	u

老国际音标辅音表的近音行叫通音和半元音，从这命名就可看出内部的不一致（不同的音放在一起）和外部的不匹配（半元音怎么进了辅音表）。现在改名近音，意为主被动调音器官相距很近，但其接近度加气流量率不足以产生湍流和摩擦，内部不一致消除了。外部不匹配从名称上看好像也不存在了，但实质上依然存在。从琼斯到赖福吉以来的共识就是："语音学上是元音性的……而音系学上属辅音类。"（Ladefoged 1964：25）为什么语音学上的元音，到音系学里却算辅音呢？用音节学理论来解释就连贯一致，也很容易理解：

1）不在韵腹位置上的元音归入辅音；

2）处于韵腹位置的稍带摩擦的音归入元音。

近音和元音一样，一般是振声的。在语音性质上它还跟流音 l 和振呼音（即前、后区的弱擦音）β v ð ɣ 接近。有时它被错认为振咝音（中区强擦音），那就是著名的日母案。

6.4.2 北京话日母问题

普通话日母的现代反映形式的辨认，是个世纪难题。一百多年来，好多一流学者都专门讨论过这个音（见表 13）。一直到朱晓农《关于普通话日母的音值》（1982）发表，才算有了头绪。

表 13　日母的标音

	龈	龈　后	卷舌（龈后至颚前）
闪音			ɽ（王力）
擦音		ʒ（商克/马伯乐）	ʐ（高本汉）
近音	ɹ（傅懋勣/赵元任）		ɻ*（朱晓农）

* 这个格子里原来是空格。ɻ 这个符号是 1978 年我在大学一年级的学期论文中设计的。次年投稿，又过了两年多（1982）才发表。其间国际语音学会在 1979 年也跟我一样设计了这么个符号填在这个空格里。他们跟我不约而同有一样的思路，这没什么奇怪，因为要为这个空格设计个音标，可供选择的方案恐怕就这么一个：横行里有个近音 ɹ，竖列中都带个右钩，合起来就是这么个 ɻ。

这个错误是从法国汉学家开始、高本汉强化的。19 世纪末，法国汉学家如商克、马伯乐等把日母记为龈后振擦音 ʒ，部位和方式都有问题。要追本溯源，再往前三百年，明末东来的传教士利玛窦、金尼阁就这么记了。高本汉改成腭前卷舌音 ʐ，纠正了一个部位错误，但仍说它是振擦音。

高本汉对北京话日母的错误记音一直沿用至今。虽然从 20 世纪 40 年代起，就陆陆续续有人提出不同看法并使用不同的音标，如陆志韦（1946）、傅懋勣（1956）、赵元任（1968）、王力（1979）、朱晓农（1982）、林焘

(1996)，但时至今日，在标准的教科书里，仍在延续这个并不复杂、也不难发现的错误。按说记这么个音，不是什么大不了的事儿，何况记音的都是行内高手。之所以出现这种混乱状况，关键就在于当时没有 ɻ 这个音标。新事物只能拧弯了装进旧范畴的框架。有关这个问题的详细讨论，请看朱晓农（1982，1987，2007）。

6.5 中区音有哪些难点?

中区辅音在龈腭处，前后约 2 厘米，宽度不及前区，更不用说后区。但这里能产生的辅音最多、最复杂，至今我们还不知道到底有多少类型。

6.5.1 ʃ 和 ɕ 有什么区别?

龈后音或舌叶音 ʃ 之所以在辅音描写框架中构成一个大难题，是因为它跟中区其他音（如 ɕ ʂ）在语音性质、对立和分布上都还不是很清楚，反映在名称上就是乱成一团（朱晓农 2010a 部位章）。ʃ 在约 45%的世界语言中出现，但在东/南亚语言中很少见。反过来，汉语中 ɕ ʂ很常见，而有 ʃ 的只有粤语和少数其他方言。欧洲语言几乎都有 ʃ，但只有波兰语有 ɕ ʂ。

值得注意的是，ʃ 和 ɕ 在所有语言中都没形成对立（汉语方言中发现一个例外，待核），所以中古庄组和照

组构拟为 * ʃ 和 * ɕ 系列，需要重新考虑。ʃ 和 ɕ 不同现的主要原因在于两者在部位上很接近，只是 1）ɕ 比 ʃ 腭化程度更高，即收缩处的狭隘通道更长，2）ʃ 基本上为圆唇（只有一个语言中 ʃ 为展唇），3）ʃ 有舌下腔，ɕ 没有，4）很多语音学家认为 ʃ 的舌面是有槽的（grooved）（如 Edwards 2003），ɕ 的舌面是拱的。

ʃ 的麻烦并不到此为止，同样标为 ʃ 的擦音，如英语、粤语，湘南、赣南及山东一些方言，但它们的音色有所不同，这需要进一步的比较研究。

6.5.2 什么是龈化辅音？

所谓龈化，是指前舌面（及舌叶）抬起、贴紧或贴近整个龈区（龈后、龈脊、前龈）发出的（塞）擦音，同时舌尖碰到下齿背。我们用上加撇的齿音符号表示声母，用一个类似一号半元音音标表示元音：tśɩ，tś^{h}ɩ，dźɩ，śɩ，źɩ。

江淮官话中的那个似翘非翘，像腭化音 ʨ/ɕ 但又不是 ʨ/ɕ，像龈后音 ʧ/ʃ 又不是 ʧ/ʃ，非平舌 ts/s 又非翘舌 tʂ/ ʂ的辅音，就是这么一种龈化音。我们最近调查了两位江淮官话芜湖方言的发音人，一位是芜湖城区 WYZ，一位是下属无为县城的，拍了一些颚位和舌位的照片，确认了龈化（塞）擦音的概念。下面是 WYZ 发“鸡”的龈颚位、舌位和下齿位的照片：

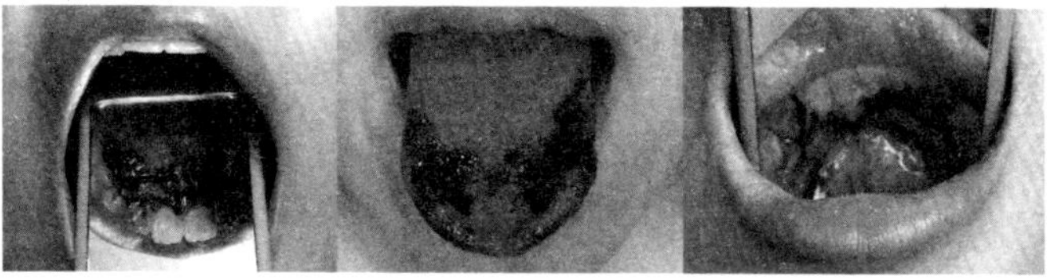

图 28　鸡 tśɿ 的龈颚位、舌位和下齿位的照片

“鸡期西”那套普通话里念为腭化音的字，在江淮官话中变为“龈化音”（甚或是“齿龈化”），音标用 tśɿ/tś^{h}ɿ/śɿ。龈化音的被动部位是整个龈区，一直到上齿背。主动部位是前舌面，有人也用到舌叶，大约近前三分之一的舌面都贴到被动器官上去了，舌尖还舔到了下齿背。

“鸡记”这两个龈化音的接触部位是：前舌面贴龈区，舌尖抵下齿背到齿根。更具体点：

例字	音标	被　动　部　位	主动部位
鸡	tśɿ	龈后+龈脊+前龈+2 个边上门齿	前舌面/舌尖
记	tśɿ	龈后+龈脊+前龈+上门齿犬齿（除了一个）	前舌面-舌叶/舌尖

龈化音比起相近的齿/龈音 ts/s、龈后舌叶音 ʧ/ʃ、翘舌音 tʂ/ʂ来，被动部位是整个大龈区。甚至连带到上齿背，占了很宽一个区域；主动部位较后较宽，主要是前舌面，也可能延伸到舌叶。龈化（塞）擦音成阻或收

缩部位较大。

6.5.3 什么是声韵和谐音节?

汉语中有一类高部位的声韵和谐的音节，声母和韵母同部位，只是声母比韵母用力稍大、摩擦略强，例如普通话里中区辅音声母的音节：资雌思，齿龈舌尖声韵母 ʦ/ʦʰ/sɿ；知蚩尸，龈后舌尖/叶声韵母 ɻ̩/tʂ/tʂʰ/ ʂʅ；基欺西，腭前舌面声韵母 ʨ/ʨʰ/ɕi。方言中还有腭前舌面带擦声韵母 ʨ/ʨʰ/ɕ ʑ̩，龈后舌叶声韵母 ʧ/ʧʰ/ʃɹ 。还有刚被鉴定的龈化音节：龈后舌面/叶声韵母 tś/tśʰ/śɩ。用主被动器官配合可以表达在下面图中。

表 14 汉语声韵和谐音节

	a	b	c	d	e	f	g
1	名称	齿音	擦化音	龈化音	龈后音	翘舌音	腭化音
2	音标	ʦɿ ʦʰɿ sɿ	ʨʑ̩ ʨʰʑ̩ ɕʑ̩	tśɩ tśʰɩ śɩ	ʧɹ ʧʰɹ ʃɹ	tʂʅ tʂʰʅ ʂʅ ɻ̩ʅ	ʨi ʨʰi ɕi
3	目标	上齿（龈）	龈脊/龈后	龈区/上齿	龈后	龈后/腭前	腭前
4	主动	舌尖	舌叶	前舌面	舌叶	舌尖/舌叶	舌面
5	特征	齿化	擦化	龈化	唇化	翘舌化	腭化
6	副征			舌尖抵下齿	英语微腭化	用舌下则卷舌音	
7	出现于	北京	西官，北吴	江淮	粤语	北京	北京
8	建议 1	ʦɨ	tçɨ	tśɨ	ʧɨ	tʂɨ	ʨi
9	建议 2	ʦi	tçi	tśi	ʧi	tʂi	ʨi

上表中第2行六套声韵和谐音节中，用了五种辅音声母音标，六种元音韵母音标。如果和谐音节概念建立，那么至少可以省下三套元音音标，即把a，c，d，e列的元音都用同一个音标。或者如第八行所建议的，换一个擦化音声母符号tç，然后前五个韵母都用一样的音标ɨ。甚至全部六个韵母都用同一个i，区别全在辅音上（第9行）。

6.5.4 中区部位对立的极限在哪儿？

辅音部位中区是调音最丰富之处，也是认识还不完全的地方——尤其是此处的（塞）擦音。中区擦音基本上都是强擦音，也叫咝音。普通话有三个咝音：齿音s，腭前音ɕ，翘舌音ʂ。欧洲语言中只有波兰语也有类似三个咝音。有四重部位咝音区别的语言不多见，Ubykh语是个例子，它的咝音除了部位卓立之外，还有清振、开合口的对立，结果造成最多的咝音区别。表中的第二类音“舌叶龈后闭擦音”ŝ，ẑ极其少见，“闭”的意思是舌尖顶住下齿背，因此没有舌下腔。下面表15列出已知的各类有对立的咝音以及所出现的语言例（据L&M 1996：164表5.7调整）。

表15中6号和7号都是龈后音，2号和3号都是龈音，4号和5号都是翘舌音。

表 15　咝音对立

1	2	3	4	5	6	7	8	9	10
齿音	龈音		翘舌音		龈后音		腭前音	闭擦音	卷舌音
齿	龈	龈	龈后	龈后	龈后	龈后	龈后	龈后	前腭
舌尖	舌尖/叶	舌叶	舌尖/叶	舌尖	舌尖/叶	舌叶	舌叶	舌叶	舌下
s̪	s	s̻	ʂ	s̠	ʃ	ʆ	ç	ŝ	ṣ
汉/波兰	英	Toda	汉/波	Toda	英	Toda	汉/波		Toda
Dieguenño	Ubykh		Ubykh	Dieguenño			Ubykh	Ubykh	

表 16　中区咝音塞擦音

	1	2	3	4	5	6	7	8	9	10
名称	齿音	龈音	龈化音	翘舌	翘舌	舌叶	舌叶音	舌面	舌面音	卷舌音
目标	齿(龈)	龈	大龈区	龈后	龈后	龈后	龈后	龈后	腭前	前腭
主动	尖	尖/叶	面	叶/尖	尖	尖/叶	叶	叶-面	面	舌下
音标	ts̪ɨ, s̪ɨ	si	tśɨ, śɨ	tʂɨ, ʂɨ, ɻɨ	s̠i	ʃi	ʧɨ, ʃɨ	tçɨ, çɨ	tɕi, ɕi	tṣɨ, ṣɨ
副征	齿化		龈化	翘舌化			唇化	擦化	腭化	卷舌化
出现于	普，江淮		江淮	普			粤语	西官，北吴	普	老北京
	波兰	英语 Toda(叶)		波兰	Toda	英语	Toda		波兰	印地，Toda

表中列了 10 种中区塞/擦音。标音一行里和谐音节的元音都标为 ɨ。按 L&M，龈擦音分舌尖的 s（英语）和舌叶的 s̻（见于 Toda），上表放在同一栏中（2）。L&M 中还有一种龈后舌叶的闭擦音 ŝ，见于 Ubykh 语。

7. 怎么统一解决分属声韵调的问题？

——语音学中的统一场理论

只要你踏上概括之梯，
就没有理由在哪一级上停下
了。（《虚实谈》）

7.1 朝鲜语中的软硬塞音是独一无二的吗？

朝语有三套清爆音，见表 17。清送气那一套 p^h 等没问题，跟汉语、英语中的一样。但还有两套都是清不送气，一套硬爆音如 $^*p$，一套软辅音 p。这个出了名的"硬软"辅音问题，半个多世纪来一直被认为是语音学中的超级难题。

其实，这不是个语音学问题，而是音节音系学的问题。我们对硬软辅音的语音性质早已有了很全面的了解，硬爆音比起软爆音来，声道壁更紧张，呼吸肌力增长更快，成阻点接触面较大，成阻点后的气压较高，持

表 17　朝语三套清爆音例词

双　唇	齿-龈	软　腭	
硬清不送气	* pul 角	* tal 女儿	* kɨn 绳
软清不送气	pul 火	tal 月亮	kɨn 斤
清送气	p^{h}ul 草	t^{h}al 面具	k^{h}ɨn 大

阻时间较长，爆发能量较大，听感上更清脆，后接元音的音高和音强都较高（Hardcastle 1973；Kagaya 1974；Dart 1987；Lavoie 2001）。也有些发音人在硬爆音爆发之前会下降喉头，或用其他办法扩大喉上声腔（Dart 1987）。这种扩大口腔的发音方式是导致内爆音的主要途径之一。软爆音 VOT（达 60 ms）长于硬辅音（一般低于 30 ms）；它们的听感和声学性质主要不是表现声母辅音上，而是在韵母元音上：软辅音后的元音音强较弱、音高较低。

所以，这不是一个纯语音学问题，语音性质我们了解得很透彻。问题的关键在于这些语音性质在音系学中表示什么意思、说明什么问题；如何在语言学里把它们加以音法化、范畴化。由于我们对它们的音法属性、类型学地位几乎一无所知，因而无法在音系学内进行逻辑归类，无法在类型学中进行定位，无法进行跨语言比较，也无法探讨它们的演化前后过程。在这个意义上，有些韩国语音学家声称朝鲜语的软硬辅音是世界语音中独一无二的，也有一定道理，因为无法比较么。不过，现在有了我们的音节模型和声素系统，软硬辅音可以在其中舒适地找到各自的位置，并且可以和吴语的三套清塞音（清送 p^h，清不送 p，浊音 b）进行比较了。

从表 18 可以看到，朝语和吴语都有一套清送气 p^h。都有一个前喉塞张声态的硬塞音，并同样有一个清不送的语音变体。朝语软塞音 p 有三个语音变体：弱送、弱弛，在词中发成振声。而吴语浊音 b 也同样有这三个语音变体，再加一个弛声。区别在于朝语软音以弱送态为音位，吴语浊音以弛声为音位；而各自的语音变体则重合。因此，朝语三套塞音并不像某些韩国语音学家所说的“独一无二”，而是和吴语近似。

还有一点很重要，一般都认为朝语硬塞音 $^*p$ 是个特殊音并加以标记。其实张声硬塞音还是可以看到不少的，如吴语、法语，闽南话的清爆音都比较硬。只有那个弱送态软塞音才奇特，它在现有的音系学和类型学中都无地位；弱送作为游移于不送和清送之间的一种边缘现象，尽管它作为语音变体并不少见，但作为对立现仅发现在朝鲜语中与张声硬辅音对立——所以把它加以标记才是正道。我有点预感：这种对立可能还存在于闽北和闽东方言。

更重要的是，这儿的对立实际上不是或不仅仅是辅

表 18 朝语、吴语三套清塞音及其变体的在发声态系统中的地位

			声母		辅音		元　音		声调
发声类	发声态	符号	朝鲜	吴语	北赣	湘语	哈尼	佤语	吴苗侗台
I. 假声	1. 假声	á			/pá/	/pá/			
II. 张声	2. 张裂声	ǎ	/*p/	/p/	b				
	3. 喉塞尾/喷音	aʔ/k'							
	4. 前喉塞/内爆	ʔp, ʔm/ɓ							阴调 单数调
III. 清声	5. 不送态	p, m	*p	p	/p/	/p/	松	紧	
	6. 清送态	p^h, m̥	p^h	p^h		p^h			
	7. 弱送态	p‘	/p/	b	b				
IV. 振声	8. 振声	b, m	p	b	b				阳调 双数调
V. 气声	9. 弱弛态	pạ	p	b	b			松	
	10. 弛声	p̤a̤ , m̤a̤		/b/	/b/				
	11. 浊气态	b̤$^{(ɦ)}$a̤			b				
VI. 僵声	12. 弱僵态	a̰					紧		
	13. 嘎裂声	a̰							
	14. 喉堵态	a̰							

音的区别，这是张声音节（中的声母）和清声/弛声（音节中的声母）的区别。

表 18 最右“声调”栏中侗台语的情况稍有不同，情况比较复杂，它也存在同样的清洌声对气声的对立，但所对应的单双数调在历时过程中已有变化。

北部赣语也有同样的清洌声对气声的对立，不过情况更复杂点，由于历时演变，气声所对应的调也不全是原来的阳调。北赣中有“清声音节 /pa/ vs 假声音节 /pá/ vs 气声音节/p̈a̤/”的三重对立，只能说是音节类型的对立，而不是声母、更不是辅音的对立，因为假声的声学和听感特征全表现在元音上。气声音节的声母变体很多，有气声、弱弛、振声、弱送，甚至还有张声内爆音。

7.2　什么是松紧？

松紧这对词大概是语音学、音韵学、音系学中最混淆的一对了，其外延跨调音和发声两大畛域，调音中同时涉及元音和辅音。它们从未有过严格的定义，更别说统一的定义，而且还常常语音学和音系学含义不分。据不完全统计，“松-紧”“紧喉音”“喉化音”“紧喉作用”“紧喉成分”一类术语，在汉藏语研究中有多达十六种不同的用法（2005b，2010a）。涉及辅音发声态如内爆音、喷音、前喉塞张声时现在已经不难辨认。涉及元音也有好几个概念时有交叉。如调音的咽化元音和微擦元音是紧元音；涉及发声的则嘎裂化元音和张声元音是紧元音、气化元音是松元音。下面就两类主要的松紧元音讨论一下。

7.2.1 什么是调音不同的松紧元音?

调音不同的松紧元音大家较为熟悉，出现于日耳曼语、阿拉伯语、班图语、粤语中，以音色不同为主，伴随着时长不同的松紧。例如英语中 i u 为紧并较长，ɪ ʊ 为松并较短；粤语 a 为紧而长，ɐ 为松而短。紧元音在元音图中较外围、较长，松元音较央化、也较短。如下面英语例词：

紧	iː (*beat*)	uː (*boot*)	街 kaːj
松	ɪ (*bit*)	ʊ (*put*)	鸡 kɐj

长度是声素，所以英语、粤语松紧元音的时长不同理论上属于发声不同。不过这是单就韵腹元音而论，如果从音节角度来看，总长度差别不大。英语的短元音后总有一个辅音韵尾出现。粤语短元音 ɐ 后的韵尾 jː 长于长元音 aː 后的 j，所以总长度差不多。

7.2.2 什么是发声不同的松紧元音?

东亚、东南亚语言中喉部发声不同的松紧，这里最容易让人搞错的有两个问题：1）是不是只有一松一紧这么一对音？2）是不是松紧对立时，松是正常发声，紧是特殊发声？

答案都是“不”。1）在松紧轴上，不是两值对立。松紧轴上并不是只有一松一紧这么两个值，而是至少有三个取值（可能有四个，暂且不论）。为避免松紧的字面义干扰，我换用三个数字加字母：1 比 2 松，2 比 3 松；或者 3 比 2 紧，2 比 1 紧。“气”指气声，“常”是常态声，“嘎”是嘎裂声。

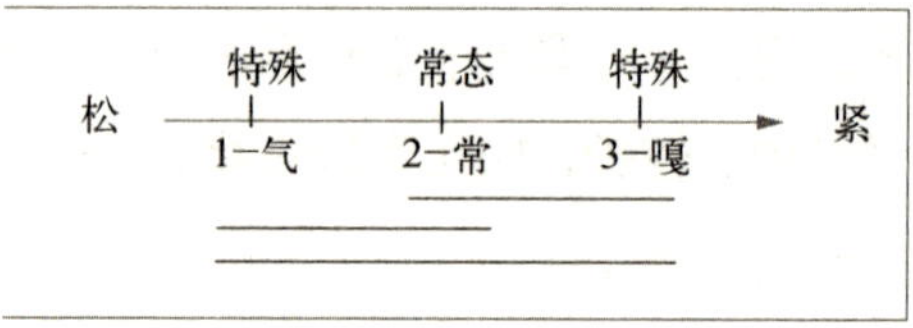

图 29　三值松紧

2）并不总是松是常态，紧是特殊。有时紧是常态，松是特殊。图 29 中数字下面有两短一长三条线，表示在一个语言中的同现情况。第一条短线表示 2-常和 3-嘎共同出现于某一语言，此时 2-常松而 3-嘎紧。松是常态，紧是特殊（嘎裂声）。第二条短线 1 和 2 同现，这容易理解：1-气是松，2-常是紧。但这时紧是常态，松是特殊（气声）。2-常和 3-嘎同现我们见得多一点，缅彝语里彝、哈尼、拉祜、载瓦等都是。2-常和1-气组合在非声调语中见得少点，南亚语的佤语属于这一类；但声调语中要远比1/2同现常见，吴赣湘苗侗都有2和1的常气组合，见下。

3）那么有没有1/3气嘎组合呢？没有，因为2是常态发声，它总是要出现的，所以不会有1/3组合，但可以有1/2/3都出现，那就是南亚语孟高棉语族中气声/常态/嘎裂同现。

上面第2点说2/1常气组合少见点，那是因为南亚语大多不是声调语，我们只是从元音角度看松紧，所以2/1组合少见点。如果我们不局限于从元音松紧角度看，而是从音节的发声态看，那么，2/1常气同现远为常见。所以，单单讨论元音松紧，会离真正的概括相差很远。

7.3 怎么用发声态理论来一统声韵调?

4）声调语吴赣湘苗瑶侗台语都有常态发声（包括清声和/或振声）和气声对立。不过由于这些都是声调丰富的语言/方言，所以就不处理为松紧元音，而是看作阴阳调/单双数调对立。

5）2/1常气同现在吴语不但可以以声调阴阳分类，

还可以声母清浊来分类（苗瑶侗台亦然）。这里的“清浊”是古往今来真正的清浊，即听感清冽的常态发声（包括清声和振声）和听感浑浊的气声（声母清振可选）。如果把清浊理解为不振声~振声，那么阻音/p~b/没问题，你可以说p不振声，b振声。但鼻边音怎么办？它不是不振声m̥ vs振声m，而是常态（或张声）m对气声m̤更为严重的是，还是零声母也有清浊对立，那就根本不存在辅音振声不振声的问题，而只是常态（或张声）元音对气声元音。

6）北部赣语和湘语也有2/1常气同现，但由于北赣中清浊范畴已重新分配（浊音清化后并入次清，再重新化浊），所以阴阳调的概念不那么适用，只能用清浊声母来分类。

7）由此可见，南亚语的元音紧松跟苗语/中部汉语方言的声调阴阳、声母清浊，实际上都是属于整个音节的发声态的对立：常态发声（包括清冽声和振声）vs气声。

传统的元音松紧，声母清浊（吴赣湘苗瑶）或硬软（朝语），声调阴阳（吴湘）、单双（苗瑶侗台），其实都不仅仅是它们的自身问题，而是整个音节的发声态问题，所以声母辅音、韵母元音和声调可以也应该放在音节下作综合处理（Zhu 2015a，b，c；朱晓农/龙从军

2009；朱晓农/周学文 2008；朱晓农 2010a)。

7.4 为什么佤语声韵搭配不对称？

佤语的音系学中有个不对称问题，紧元音前的清声母有送气不送气之分，但松元音前只有清不送气声母，没有送气声母。或者反过来问：为什么只有清不送气声母后有松紧元音对立，清送气声母后只有紧元音？

表 19 佤语三套清爆音声母与松紧元音的交叉搭配关系

送气清声母	普通/紧元音	$\mathrm{k^h}$iʔ 月	$\mathrm{p^h}$ai 快	$\mathrm{p^h}$an 如果	$\mathrm{p^h}$au 现在	$\mathrm{k^h}$ɯ 因	$\mathrm{k^h}$ɔ 锄头
不送气清声母		pi 忘记	peʔ 山羊	ka 啃	pu 厚	bɯ 油	pɔ 别/莫
	弛声/松元音	pi̤ 口琴	pe̤ʔ 你们	ka̤ 烤	pṳ 飞	bɯ̤ 耳坠	pɔ̤ 腰肌

这其实跟朝鲜语和吴语中通常归于声母对立的音节性质相同。吴语/朝鲜语都有两类清不送气塞音，一类张声硬塞音，后接元音为紧元音，一类弛声/弱送软塞音，后接元音即松元音，所以清不送气塞音后有松紧元音对立。吴语/朝鲜语都还有一类清不送气塞音，后面的元音没有松紧对立，一定要分松紧，那么也是和张声硬塞音音节中的元音同类（见表 20）。由于吴语/朝鲜

语中把这问题看成是声母对立（吴语再加一个阴阳调对立），所以就不看作元音对立了。

表 20　上海吴语和朝鲜语三套清爆音声母与元音的交叉搭配关系

		吴语				朝鲜语		
送气清声母	普通/紧元音	p^hi 骗	p^he 配	k^ha 卡	$p^hɔ$ 炮	p^hul 草	t^hal 面具	$k^hɔn$ 大
不送气清声母	弛/弱送/松元音	pi 扁	pe 背	ka 假	pɔ 宝	* pul 角	* tal 女儿	* kɔn 绳
		pi̤ 便	pe̤ 陪	ka̤ 茄	pɔ̤ 跑	pul 火	tal 月亮	kɔn 斤

佤语研究中提出的这个问题，是因为把它看作仅仅是个松紧元音分布问题。其实这是个弛声发声态问题，是整个音节的问题，它同时表现在韵母、声母以及声调上。只不过**不同的研究传统从不同的角度来理解弛声**。用个有点逆耳的比喻，就是“盲人摸象”，你说这是柱子，他说那是蒲扇，还有的说是堵墙，不一而足，其实整体而言，那是个“大象”音节。柱子、蒲扇、墙只是整体“大象性”投射在不同部位上的表现形式。

8. 什么是音法类型学?

百年老店了，该盘点一
下库存了。(竹子)

8.1 为什么要研究语音的种类?

先正一下名：这个领域叫“音法类型学”比叫“语音类型学”为好，因为我们是在语言学范围内、音法学范围内，而不是语音学范围内研究语音。

那为什么我们要研究音法类型学呢?

一个最直接也最简单的回答就是：如果没有音法类型学，那么连个体音素都无法辨认。

研究语音最重要的基础是有一个语音分类框架，像国际音标图中的元音图和辅音表都是分类框架。但这样的框架不能令人完全满意，具体后文 8.4.5 节还会谈。简单地说，世界语言中到底有几个元音、几个辅音，它们的分类需要几个参数，这些最基本的问题，根本就答不上来。

要回答上面两个问题，最好的办法是建立两张像化学元素周期表那样的元音周期表和辅音周期表。而要建立这样的周期表，需要建立音法类型学，而不是只有生理物理参数的语音类型学。

音法类型学无论对于语音的共时理论分析，还是历时演化追踪，都是不可或缺的经验基础。这是一门开展很早，但进展很慢的学科，原因一方面在于缺乏合适的材料，另一方面没找到通用单位。这两个原因可能还互为因果——由于缺乏通用单位，所以材料都不够合适。

不过，现在我们可以来谈一下了，这是因为声调的类型学已相当成熟了，我们已经建立了声调周期表以及发声态周期表。

首先，类型学可以确定一个分类系统，这相当于门纲目属生物分类树。没有这么个分类系统，或者离开这个系统，那么不要说类型学，连个体辨认都成了大问题。

拿越南语来做个例子。越南语声调曾对声调起源、语言的发生和接触、声域和声调的音法类型等多方面研究提供过关键证据，因此一直深受国际上语音学家、历史音韵学家和共时音系学家的重视。越南语的声调从17世纪罗历山（Rhodes 1651/1991）起，积累了海量的听感描述资料：如锐声是“强锐音”（罗历山）；跌声是

“提高的胸腔音”（罗历山），是“在音节中间有个喉部断裂的升调”（Nguyen & Edmondson 1998），或“高升调常伴有喉塞音或‘掐住嗓门（strangulated）’的音色”（Thompson 1987）；重声是降调，调尾有强烈而持续的阻塞以截断声调（Nguyen & Edmondson），或“低降调带有紧喉化或紧音特征”（Thompson）［案，这两个紧不一样，一个是 glottalization，另一个是 tense］。最近三十年来又攒了很多声学数据，描绘得更为精密了。但是由于缺乏一个类型学框架，所以越南语声调到底是什么样的，无法进行理性认识和逻辑归类，也无法与其他语言的声调进行比较研究（朱晓农/阮廷贤，2014）。

所谓理性认识，就是把认识对象归类到一个逻辑分类系统中，属加种差，本质全认识清楚了。如果缺乏理论认识框架、缺乏逻辑分类系统，那么，尽管一些具体描写可以很细致，但到底是个什么样的声调，怎么表达，怎么跟其他语言的声调相比较、相区别，仍属未定之天。打个比方，你在神农架看到一个生物，直立行走，两米高，身上有几厘米的长毛，棕黑色，脚有 55 号尺码，手有多长，等等等等，生理特征描写得很细致，但最终你得告诉我们它是熊，还是猩猩，还是人，还是人和猩猩之间的一种野人，你得在生物分类系统把它定位了，属加种差，才算对它有了认识。否则，尽管能把它描绘得活灵活现，对它的认识却还停留在科学范畴之外。

这几百年来的越南声调描写就处于前类型学/前科学阶段，其他语言的声调描写也差不多。

科学研究要解决两对永恒的矛盾："事物的连续性对分类的离散性，事物的变动性对分类的静止性"（朱晓农 1987）。分类的"离散性"和"静止性"就体现为认知范畴。类型学就是用来解决第一个矛盾的，而演化学是解决第二对矛盾的。

8.2 什么是声调类型学?

声调类型学研究有多少种实际和可能的以域度、长度、高度、拱度四个参数取值的调型，以及不可能的调型。

有个名词说明一下："调形"因与"调型"同音近义而弃用，在要用到类似意思时根据场合改用"拱形、调拱、拱度"等。

8.2.1 什么是调型?

调型（tonotype）是类型学、音节学中声调新概念，具有如下三项性质：1）每个调型有自己的声学/听感特征；2）每个调型都与同拱度的另一个在至少一个语言中有对立；3）普适调型库中的调型对于所有声调的类型定位以及自然演化来说是充分而必要的（至少冗余度是最小的）。

调型不同于调位（toneme）。调位是具体某个调系中的区别性单位，调型是跨语言的类型学概念。调位一没有具体的声学/听感特征，只是一个抽象的对立单位，二对立冗余度很大。

8.2.2 类型学材料如何获取？

声调研究从 Bradley（1911）、Jones（1912，1918）、刘复（1926）、赵元任（1922，1928）算起，已有一个世纪。期间所记录的声调系统不下三四千个，基本上是听感记音。这些材料对于共时声调理论、声调类型学、声调演化的作用极其有限（Zhu 2012 附录；朱晓农 2014a），仅满足如下五项材料要求的第一条。主要原因在于：1）听感的不确定性，这使得对同一个声调可以听记出多达九种调值，例如兰州话（朱晓农/衣莉 2015）；2）缺乏一个符合实际的理论，此处是声调分类框架，这使得很多调拱难以归类，例如大连话、河南话、粤语、泰语中的央降调就无法辨认（朱晓农等 2008；林文芳/洪英/朱晓农 2013；朱晓农/林晴/趴差桠 2015；朱晓农/张瀛月 2016）。对于声调研究来说，材料获取需要满足以下五个步骤：

1）研究者的听感记音。

2）同时的录音和测量。

3）发音人或其同乡的听辨测试以验证同异。

4）在一个充要的调型分类系统中得到归位。

5）进一步在实验室进行听感实验以探求共性。

尽管以往的声调记音材料仅满足材料五项要求的第一条，不过相比起第二条声学材料，听感却是第一位的。现在有了语音分析软件，很容易获取精准的声学材料，也很容易让人本末倒置，以为声学数据第一。

8.3 什么是通用调型库？

8.3.1 通用调型有多少种？

通用调型库又叫普适调型库，见表21。这张表用四个参数来定义声调，相当于元素周期表。表内的数字不是调值，而是调型的代码。在声调类型学中，调型是基本单位，代码是调型的代号或直观符号。用了八九十年的调值，在声调类型学中被搁置了。

朱晓农/衣莉（2011，表3）最早提出14种“构成区别的调型”。回想起来这真是一个异常困难的开端，整个儿一个老虎吃天（无数的材料）——无从下口（有几个维度啊？）。好在万事开头难，最困难的第一步跨

表 21　通用调型库

		长			中　短			拱形/
拱度	拱型	*上域*	常域	**下域**	*上域*	常域	**下域**	调型
降	高降	*63*	52	**40**	*64*	52　52		
	中降		42	**31**		42　42		
	高微降		54					6 拱/
	中微降		43					16 型
	高弯降		552	**341**				
	中弯降		342	**231**				
平	高平	66	55		*66*	55	**44’**	
	中平		44	**33**		44		3/12
	低平		33	**22**		33　33		
非拱	纯低		22	**11’**			**11**	1/3
升	高升	*46*	35	**24_1**	*46*			
	中升	*35*	24	**13**		24	**13**	
	微升		45	**23**				4/12
	后凸升		354					
凹	前凹		324	**213**				
	央凹	*404*	323	**202**				
	后凹		523					4/7
	两折		4242					
总	50	*5*	18	**12**	*1*　2	4　5	**1　2**	**18/50**

出了！接下来几年沿着这方向努力，到朱晓农（2014）已发现45种调型，2016年又增加三种央调（朱晓农/韦明应/王俊芳 2016），达48种。2017年，我们（张静芬/朱晓农，即出）又发现短中降型/42/和短中升型/24/，总共50种了。这看上去不少，但实际上最基本的调型，即常域长调（常态发声的舒声调），只有18种——这真是意想不到的少！其余32种都是带有特殊发声态的调型，或是央/短调。

表中调型按“降平低升凹”五大拱类排列，次序按出现频率。迄今为止，在我们统计过的300多个官话调系中，降调最常见，其次平调，凹调最少。需要注意的是，纯低调中有很多变体，语音学上实现为低凹拱。

8.3.2　为什么需要调型？

没有类型框架就无法进行跨语言比较，这还是好的，引起误导甚至阻碍理性进步那才更糟。比如用五度制表达的降调［51，52...451...］多达五十种，既概括不出降调的区别点，又无法进行跨语言比较。不但无法比较，而且还误导。一方面会把［51，52，53］看作不同的声调，另一方面会把比如岳阳的［35］和北京的［35］看作是相同的声调，其实北京话的高升调是常域{35}，而岳阳话是带假声的上域高升调{*46*}。又如广州话有四个平调，高坝侗语有五个平调，如果用五度制来比较，就会出现极大的错配，如下图。

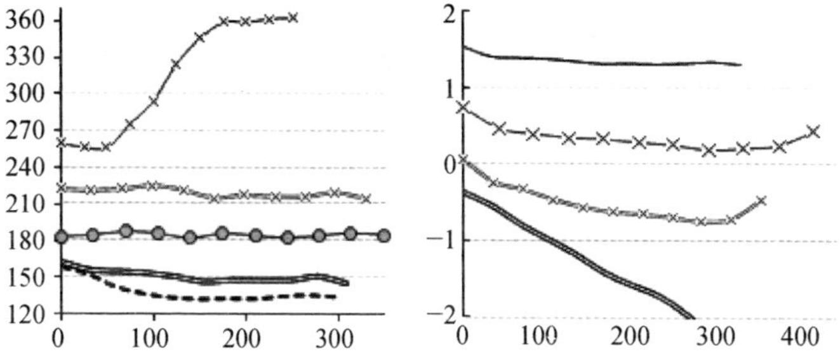

图 30 ［左］高坝侗语五平调，［右］香港粤语四平调

有了调型概念，就可进行跨语言比较了。相同的调型即使在不同的语言中，也具有类型同一性。下图中高坝侗语最高的假声平调在上域中，其余四个平调在常域中，与粤语四个平调相比很协调。

有了调型概念，用数字标调的五度制（Chao 1930）和分域四度/三域六度制（朱晓农 2006）都无足轻重了。原先表示调值的数字或可作为调型代码，直观地代表调型。

8.3.3 什么是不可能调型？

研究类型学，不但要找到有多少已出现和未出现但可能的调型，还要找出不可能调型。形式句法学里后者更重要（制约条件指出了不可能的句式），这是因为控

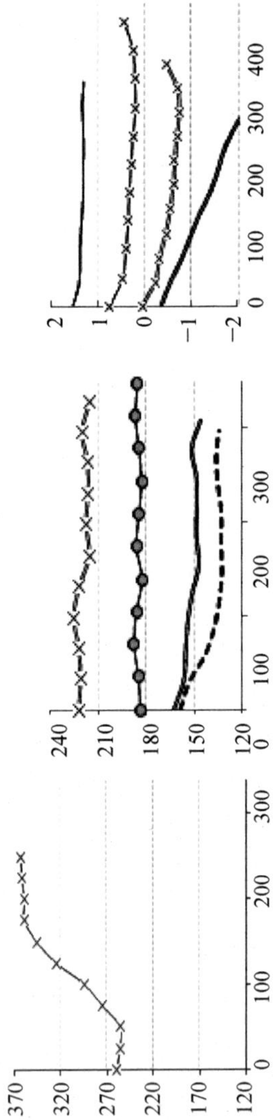

图 31　分域比较［左］高坝上域高平调，［中］高坝常域四平调，［右］香港常域四平调

制句法的因素确定不了。声调类型学当然前者更重要，因为调型的四个参数已经限定了出现可能性。

用分域四度表达的代码大大多于调型，所以，有些代码只是表示调型变体。比如 {53} 是/52/ 或/54/ 的变体；上域平调只有一个，所以中平、低平、纯低调都是不可能调型；下域高平也是不可能调型。

8.4 哪几个调型要提一下?

8.4.1 什么是纯低调?

纯低调这个概念的确立是建立类型学的关键一步。

调型有五种拱度——降平升凹低——前四种以拱度相区别，但“低”（纯低调）不是，它是一种不以调拱来做区别的纯粹的低调，语音实现为四种最低拱：最低平拱 {22}、低降拱 {32}、低凹拱 {323} 或低升拱 {23}。像北京上声［214/21］、天津话阴平［11/21］、广州话阳平［11/21］都属纯低调（详朱晓农 2012a；朱晓农/章婷/衣莉 2012）。可以说，没有建立起纯低调这个概念之前，声调类型学就还在孕育中。

需要指出的是，纯低调一般可以由这四个最低拱自由交替，但有时它只实现为某一种低拱，常见的如低凹拱 {323} 或低降拱 {32}。极少数情况下可能 {323}

与｛32｝同现，可把前者归入央凹型/323/，后者作为纯低型/22/。此时极可能是在争夺纯低型的演化途中。

8.4.2 平调的极限在哪儿？

平调的极限，这个问题是设计一个标调系统的首要问题：一个调系中最多有几个平调，标调系统就需要设定几度。当年赵元任就假定最多只能有五个平调，由此设计了五度制。我们设计的分域四度制，最多可表达三域六度，而贵州凯里鱼粮村苗语正好有六个平调，见下图左。最高的 T2 是上域张声高平｛66｝，最低的两条是下域气声低平和最低平｛**22**，**11**｝，最低平｛**11**｝带极强气声，一半多例字没有完整基频曲线。中间三条是常域高中低平｛55，44，33｝。右小图是高坝侗语的五个平调，下面四个平调在常域，调型代码为｛22，33，44，55｝，基频在 120 ~ 220 Hz 之间，最高的 T5 是上域

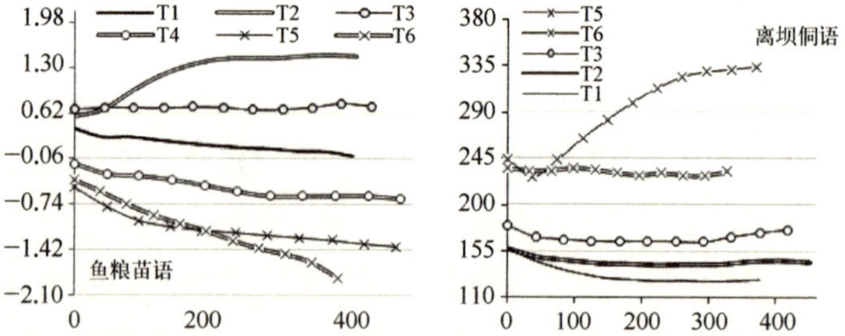

图 32 ［左］鱼粮苗语的六个平调、［右］高坝侗语的五个平调的平均基频曲线

假声高平，代码为｛^{5}66｝。

由鱼粮苗语可见标调系统至少需要六度，把这六个平调表达在分域四度制中，再加上侗语 T1’的常域｛22｝和温州阳去的下域气声｛**33**｝（温州还有三个平调，常域｛44/33｝，下域｛**11**｝），就有了如下平调极限图。平调最多到六度，一个语言中最多六个平调（理论上 12 个），上域只有一个（上域无中低平，无法控制调试出两个上域假声平调），常域住满 4 个，下域 3 个（下域无高平，最高的｛**44**｝显然不适合气声平调）。一共最多八种平型调。

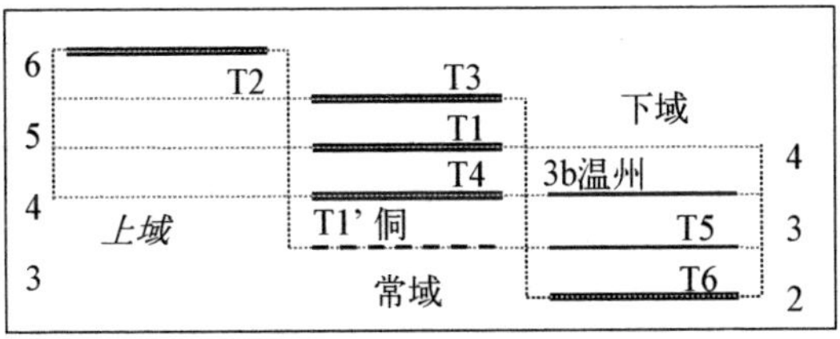

图 33　平调的极限

8.4.3　为什么没有凸调?

表 21 中五种拱度里没有凸型。不同的凸拱分别归入降型和升型：前凸拱为弯降调，后凸拱为后凸升调朱晓农（2014）。前后凸拱以凸点在调长约 50% 前后处相区别。前凸拱前段升拱短，后段降拱长；而后凸拱前部

升段长，后段降拱短。

8.4.4 什么是微降调？

全降调降幅为｛3｝度或｛2｝度，微降调降幅为｛1｝，如｛54｝。这是一种非常罕见，也很难加以证明的调型，因为一般平调由于自然衰减，调尾都会有点下倾。

最早是在西南官话贵州毕节话证明了微降调的存在（朱晓农 2012b）。毕节话有四个声调，一个纯低调 /22/。阴平高平｛55｝，阳平高降｛52｝，上声是个平而稍降的曲线，见下例图。图中三个 pa，第一个阴平｛55｝，第三个阳平｛52｝，中间那个上声，平而稍降｛54｝。要证明这是个降调而不是带有降尾的平调，首先是听感上，听上去它就是降的。其次，形式上与平调不相容。它起点和阴平｛55｝一样高，如果它也是个平调，那就也是｛55｝了，所以它必须属于降型。

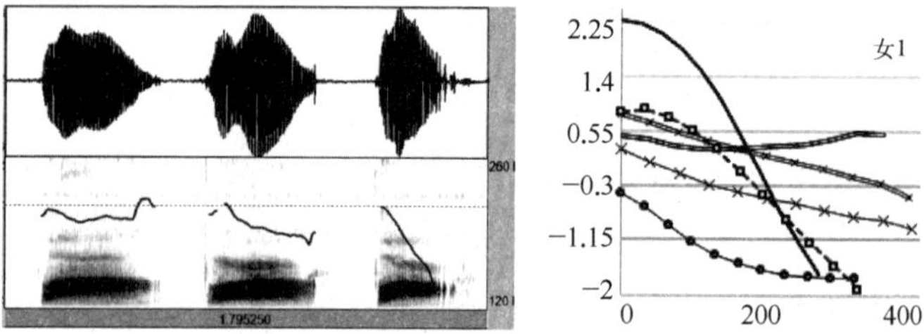

图 34 ［左］毕节话上声微降调：pa 阴平-上-阳平，
［右］建阳闽语的两个微降调

后来又在闽北建阳话中发现了微降调，而且是两个｛54/43｝（沈瑞清等 2017）。建阳话有八个声调，去掉一个短调，一个升调，其余六个画在图 34 右小图中。图中五条降拱，最低那条属纯低调/22/。还有四个降调，两个全降，一个上域张声高降｛64｝，一个常域高降｛52｝。还有两个常域微降｛54｝和｛43｝。同样的证明方法：一是听感上是降调，二是阳平是个平调｛44｝（或｛55｝），这就限制了至少一个微降调，无法在理论上假定它的底层形式是个平调。如果有一个属微降型，另一个和它平行的当然也应该属于微降型。

8.4.5 什么是前/央/后凹调？

前/央/后凹调以凹调前后，即在调长的20%~30%、30%~50%、50%后来定义。后凹调听感区别度较大，一般调头远高于调尾。前凹调一般调头低于调尾，央凹调可能调尾高，也可能差不多。前凹拱｛324｝本身并不少见，但在大部分场合与央凹调互为变体，只有在个别场合与央凹调对立。

前凹调作为凹调与昂调的过渡型，在演化过程中是一个不可或缺的阶段。这也是我们定义这么个调型的原因之一。

8.5 通用调型的区别特征矩阵

通用调型库里的 50 种调型，可以用如下区别特征（diastinctive features）加以刻画。表 22 中五大拱类的排列次序与上表 21“通用调型库”中按频率排列不同，是按区别特征“+/-”的顺序排的。

表头第一行先以［±long］区分长调和非长调。非长调中可进一步以［±sht］来区分出短调和央调。目前来看只有两对短调对央调的对立：低平型/33/vs./33/、高降型/52/vs./52/、中降型/42/vs./42/。第二行再区分出三个域：常域［+RgM，（-RgL）］，上域［-RgM，-RgL］、下域［-RgM，+RgL］。接下来第三行是音高特征，前四个［±拱/降/升/直］是拱度特征，后三个是高度特征。［拱］这个特征把纯低调［-拱］（不使用拱度特征）区别于其他所有声调［+拱］。［降/升］两个特征把非纯低调分为四大类型：平型［-降，-升］，升型［-降，+升］,凹型［+降，+升］，降型［+降，-升］。［直］用于升降调，区别直升/降和非直升/降（后凸升；缓/弯/凸降）。高度特征［±高$_{\text{前}}$/低$_{\text{前}}$/高$_{\text{后}}$］指的是拱形前部/后部的相对高度。区别特征都是相对而言，不是直接对应基频高低。在平升凹降

表 22 调型的区别特征

<table>
<tr><td colspan="2" rowspan="2"></td><td colspan="10">+long
(−sht)</td><td colspan="2">−long
−sht</td><td>−long
+sht</td></tr>
<tr><td colspan="8">+RgM
(−RgL)</td><td>−RgM
−RgL</td><td>−RgM
+RgL</td><td>−RgM
−RgL</td><td>+RgM</td><td>−RgM
+RgL</td></tr>
<tr><td>拱类</td><td>调型</td><td>代码</td><td>拱</td><td>降</td><td>升</td><td>直</td><td>高$_{前}$</td><td>低$_{前}$</td><td>高$_{后}$</td><td>代码</td><td>代码</td><td>代码</td><td>代码</td><td>代码</td></tr>
<tr><td>非拱</td><td>纯低</td><td>22</td><td>−</td><td></td><td></td><td></td><td></td><td></td><td></td><td></td><td>11</td><td></td><td></td><td><u>11</u></td></tr>
<tr><td rowspan="3">平</td><td>高平</td><td>55</td><td>+</td><td>−</td><td>−</td><td></td><td>+</td><td></td><td></td><td>66</td><td></td><td><u>66</u></td><td><u>55</u></td><td></td></tr>
<tr><td>中平</td><td>44</td><td>+</td><td>−</td><td>−</td><td></td><td>−</td><td>−</td><td></td><td></td><td>33</td><td></td><td><u>44</u></td><td><u>44</u></td></tr>
<tr><td>低平</td><td>33</td><td>+</td><td>−</td><td>−</td><td></td><td>−</td><td>+</td><td></td><td></td><td>22</td><td></td><td><u>33</u> <u>33</u></td><td></td></tr>
<tr><td rowspan="4">升</td><td>高升</td><td>35</td><td>+</td><td>−</td><td>+</td><td>+</td><td>+</td><td></td><td>+</td><td>46</td><td>24</td><td><u>46</u></td><td></td><td></td></tr>
<tr><td>中升</td><td>24</td><td>+</td><td>−</td><td>+</td><td>+</td><td>−</td><td></td><td></td><td>35</td><td>13</td><td></td><td><u>24</u></td><td><u>13</u></td></tr>
<tr><td>微升</td><td>34</td><td>+</td><td>−</td><td>+</td><td>+</td><td>+</td><td></td><td>−</td><td></td><td>23</td><td></td><td></td><td></td></tr>
<tr><td>后凸升</td><td>35<u>4</u></td><td>+</td><td>−</td><td>+</td><td>−</td><td></td><td></td><td></td><td></td><td></td><td></td><td></td><td></td></tr>
</table>

续 表

		+long (−sht)										−long −sht		−long +sht
		+RgM (−RgL)								−RgM −RgL	−RgM +RgL	−RgM −RgL	+RgM	−RgM +RgL
拱类	调型	代码	拱	降	升	直	高$_{\text{前}}$	低$_{\text{前}}$	高$_{\text{后}}$	代码	代码	代码	代码	代码
凹	前凹	324	+	+	+		−		+		**213**			
	央凹	323	+	+	+		−		−	*404*	**202**			
	后凹	523	+	+	+		+		−					
	两折	4242	+	+	+		+		+					
降	高降	52	+	+	−	+	+		−	*63*	**40**	*64*	52 52	
	中降	42	+	+	−	+	−		−		**31**		42 42	
	高微降	54	+	+	−	+	+		+					
	中微降	43	+	+	−	+	−		+					
	高弯降	552	+	+	−	−	+				**341**			
	中弯降	342	+	+	−	−	−				**231**			
	50	18								*5*	**12**	*3*	9	**3**

四类调型以及“前/后部”不同情况下，区别特征的［±高/低］并不直接对应于四度标调的某一度。例如中平型｛**44**｝的“前部”相对于高平是不高［-高$_{前}$］，相对于低平是不低［-低$_{前}$］。升调类的“前部”｛2｝是不高［-高$_{前}$］，相比之下，｛3｝就是高［+高$_{前}$］；它的“后部”｛5｝是高［+高$_{后}$］，相比之下｛4｝就是不高［-高$_{后}$］。

非长调和非常域的调型放在右方，其音高区别特征与同行常域调型的相同，或只需选取部分即够，如下域弛声低平型/**22**/的区别特征为［-RgM，+RgL，+Ctr，-F，-R，+低$_{前}$］，而下域中平型/**33**/只相差最后一个特征［-低$_{前}$］；上域短降/*64*/只需［-lg，-RgM，-RgL，+F］就够了，等等。

区别特征是形式音系学中的基本概念，但在音节音系学和音法类型学中它只是一种简约的表达手段。至于是否必要，则要看将来演化音法学中的研究是否有需要。

8.6 存在音素类型吗？

答案当然是有，但如果你要追问是什么样的，我只能说很遗憾。

元音研究至今仍不能令人满意，就是因为元音类型无法确定。确立声调类型需要四个参数，调型目前辨认出 48 种。那么元音呢，需要多少个参数才能描写全世界元音？高低分几度才算合适？前后呢？圆展度呢？另外还需要什么别的参数？一共需要多少个音标才能充分而必要地描写、表达全世界元音？问要多少个音标才够，实际上就是问有多少种元音类型。

辅音也一样，尤其是齿龈到前腭部位的塞擦音，到底可以、应该分几类？

音素类型学，任重而道远！

9. 什么是演化音法学？

语音是什么？
他从哪儿来？
他往哪儿去？（竹子）

9.1 语音学里为什么包括演化音法学？

分类是任何一门经验学科的一项基础工作，所以音法类型学在语音学中是必不可少的。共时类型的确定以往都是以共时分布和共时结构做标准的。但实验语音学告诉了我们一个简单事实：任何一种音都有很多，应该说是无数多的语音变异。而变异学派和实验音法学又告诉我们，这些变异是历时演变的可能源头，也就是说，可能预示着下一阶段的共时类型。

所以，如果我们真要做一个普适类型学，就不能仅仅考虑现在看得见的音型，我们还要考虑以往可能存在过的音型以及未来可能出现的音型（甚至还有不可能的音型），也就是说，我们定义的音型不仅以共时结构为标准，还可以而且需要用某个演化阶段来帮助定义。

比如前凹调，它在共时音系中的对立地位并不是很显著的，一般来说它只是央凹调或昂调的一个语音变体，但它却是昂调和凹调这个连续统之间一个必须加以辨识的过渡阶段。有了这个类型，很多共时的分布和变异就变得容易理解了。说到底，今天的分布是昨天演化的结果，而今天的语音变体可能是下一阶段的音型。

从这个角度看，要想全面了解语音的性质，我们必须把演化音法学包括进来。

9.2 演化音法学的认识论基础是什么？

演化音法学是从共时变异来研究语音演变的一门新学科，它跟以往研究语音演变的历史比较音韵学和接触语言学的异同见本章的最后两节。演化音法学运用变异和选择（即所谓“物竞/天择”）作为基本概念。它要回答有关语音学的一个哲学终结问题——

语音是什么？它从哪里来？又往哪儿去？

演化音法学的认识论基础是：

1）语音演化有自然之理（语音原理），因而有

2）普遍之型（类型共性），

3）共同的变异形式（潜在的音变之源），

4）普遍之道（演变规律），

5）最重要的是：凡自然音变，都会形成演化圈。（朱晓农 2016）

认识论基础中的第三点“共同的变异形式”，某个音的变异形式看似音系内部的，甚至个人的，其实因为有普遍音理控制，有相同的统计特征，所以可以普遍观察到。现有的技术可以帮助我们观察到由变异造成的过渡状态，人际、字际的扩散等。更重要的是这些变异形式是音变之源，显示出各种潜在的演化方向。然后我们可以从内部（生理物理或音系结构原因）和外部（本社团因素/跨社团接触）因素推测选择的结果，即变定形式。这就是演化音法学的两个基本概念“变异”和“选择”所起的作用。

认识论基础第五点说：“凡自然音变，都会形成演化圈。”这一点十多年前我在研究清浊演变的时候百思不得其解，汉语里浊音清化，美国英语里也开始出现，还有其他语言也有，那么，都这么浊音清化，浊音不是应该在历史长河中都变完了吗？但现在的统计表明，大约有三分之二的语言中有浊音，这说明总有一条路，一个圈变回来。

演化比较法现在所用到的时间深度大约几十年到几

百年，比起历史比较法动辄一两千年，时间深度大为缩减，不过可靠度则大为增加，而且有望以后在此基础上将时间深度加大。

9.3 如何研究音法演化？

研究音法演化所用的演化比较法包括两种方法：内部变异比较法和外部格局比较法。我们从研究较为充分的声调演化，可把音法演化研究的总体操作步骤总结如下：

1）从**小范围**的同源语言（如临近各县的同区方言）中选出同源词（同古调类）。

2）测量基频：a）测量中发现的变异，可**运用内部比较法**探索潜在演化方向。b）取主流变体进行归一化。

3）辅以听感，在普适调型库中确定调型，表达在分域四度框架中。

4）找出系统对应（同一声调的调型对应）并列成表——这是建立区域类型学的重要一步。

5）历史探源：a）对每一项对应，在祖语中构拟一个能合理地发展成现在各子语中的音（由于年代不远并且调型有限，就选取现有的某个调型）；b）据此决定现代某个词的古形式（何种调型在先）；c）再确定祖语音系，音韵组合规则（早期调型格局）。

6）尽可能远地探索演化轨迹，凡自然演化，均有音理可言，都会形成演化链，甚至演化环。

7）凡不在演化链上的突变，考虑各种选择因素：音系调整，社会因素，语言接触，书面语影响的强制音变等等。

演化比较法综合了历史比较法、实验语音学、变异理论、音法类型学的方法。基本假设是先假定一个区域内相似的方言具有共同的来源，它们演化到今天有各种变化结果或变定形态。变定的主要原因取决于自然音变原理，同时也有其他原因（音系调整、接触、社会因素、强制因素）。自然演化的大势可以在区域内的共时变定形态中探求。这些共时形态可以看作是演化的不同阶段，把这些重建的阶段用箭头连接起来就可以看出自然演化的趋势。如果区域内的演化结果能被所发现的演化大势所解释，那么其他因素可以忽略不计；若演化速率突出，可考察它们所起到的促进或阻碍作用。如果有偏离大势甚至反转的情况出现，这就值得发掘接触等其他因素的影响机制。

9.3.1 什么是内部变异比较法？

内部变异比较法是一种新方法，是本语言系统内的比较法，它比较的是具体发音的随机变异。在一个真实的语言系统内可以看到某个字有很多、其实是不计其数的人际、字际、场合、风格差异。这种共时变异（Ohala 1989）看作是“迷你音变”，是历史音变的来源。这也是 Labov（1975，1994）所说的从变化的语言探测语言的变化。如果共时变异在词汇和人群中扩散开而最终被整个社团接受，音变就由此而完成（Wang 1977），例如海南闽南语的内爆音。如果没有扩散开去，那么共时变异就可能长期存在，如潮汕漳泉闽南话的内爆音（潮州例见朱晓农/洪英（2012）；汕头例见朱晓农/刘泽民/徐馥琼（2009）；漳泉材料大多未发表，但例子可见朱晓农（2012b：12～13））。

再来看一个凹调例子。徐州话上声是个凹型调，有两个作为自由变体的调拱：两折拱和央凹拱，见下图。这表明其中一个拱形会变为另一个。再使用下节要谈的

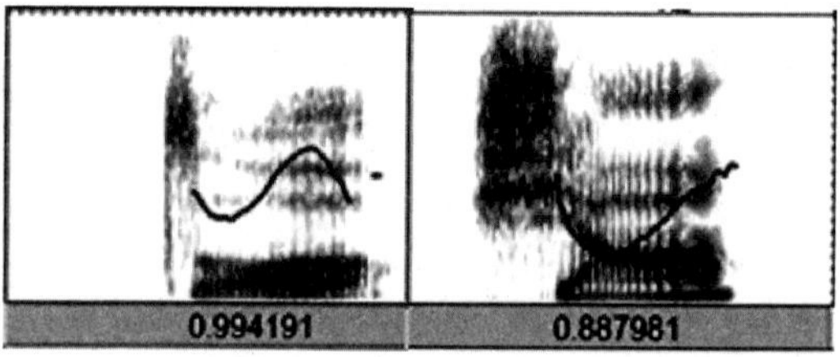

图 35 徐州话上声的两个音位变体：［左］两折调“走” $tsou^{3242}$，［右］央凹调“响” $çiaŋ^{324}$

"外部比较法"，可以确定这两个变体在演化阶段中的先后顺序。由于周遭一大片区域（江苏北界和山东西部，稍远处还有安徽如寿县）上声普遍为央凹调，所以徐州上声央凹拱变体在先，两折拱在后。

把这变异比较扩大到更多的调系中（例见朱晓农/衣莉 2011；朱晓农/章婷/衣莉 2012；朱晓农/阮廷贤 2014；Zhu & Yi 2012；张瀛月/朱晓农 2013 等），我们可以借以构筑一个凹调的演化网如下。

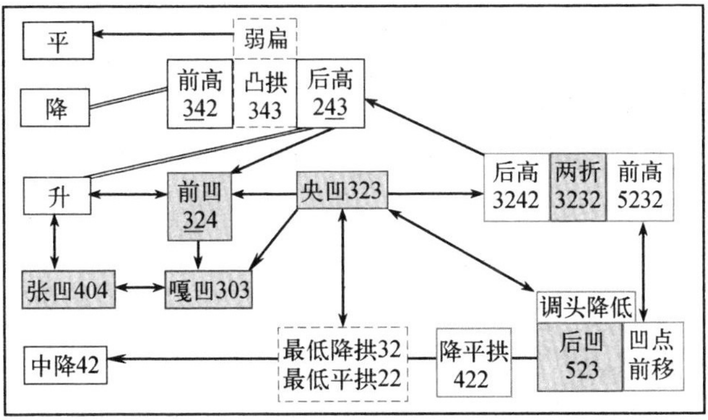

图 36　以央凹型为枢纽的凹调演化网（张=张声，嘎=嘎裂声。灰底的为凹型调，白底框中的调值为其语音变体）

9.3.2　什么是外部格局比较法？

外部比较法比较的是局部区域内相邻方言变定的结果。它的基本出发点与历史比较法相同，不同处在于，历史比较法一般是一个一个音的构拟，但外部格局比较法注重系统的、相关联的、成模式的变化，因此重建的是一个系统。以惠（来）普（宁）一带潮汕闽语为例，来看如何操作演化比较法中的外部法（朱晓农/张静芬 2015）。

第一步，先是从小范围的同源语言（我们从相邻两个县中选取了十二个点）中选出同源词（同古调类字）。

第二步，测量基频：a）测量中发现的变异，用内部比较法（见上内部法）。b）取主流变体进行归一化。惠普一振声调是六/五舒两入。舒声模式可以分为惠东、惠中、惠西、普宁四个主要类型。其基频走向见下图。前两张小图是作为声调链移起点的惠东老派的声调模式。惠东老派阴上为上域张声（图 37（1）），其余五个舒声在常域（图 37（2））。

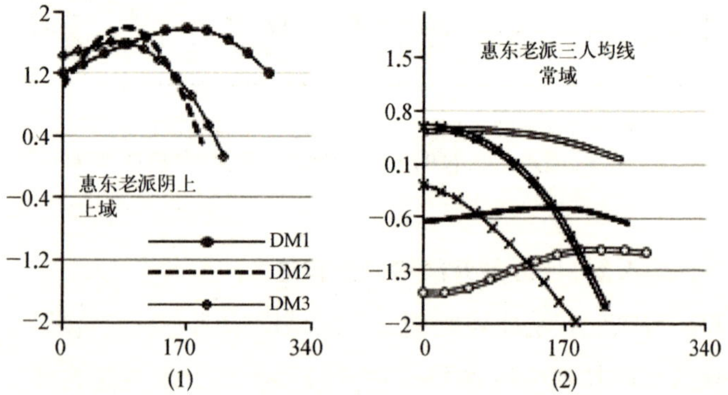

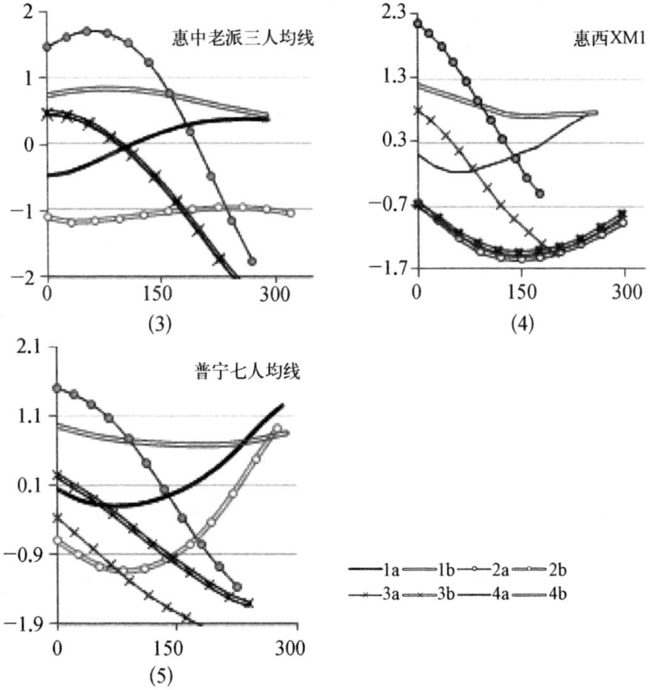

图 37　惠东老派、惠中老派、惠西、普宁舒声曲线走向图。

第三步，辅以听感，在普适调型库中确定调型，表达在分域四度框架中。表 23 中的数字不是绝对调值，而是调型代码。如斜体字｛66｝代表上域高平调，｛32/22/324/23｝代表常域纯低调。｛52，42，55，44，34，35｝分别代表常域高降，中降，高平，中平，微升，高升。

表 23　惠普四种调型格局（以分域四度代码表示）

	阴上 2a	阳去 3b	阴去 3a	阳上 2b	阳平 1b	阴平 1a	模　式
惠东	*64* ǀ *66*	52	42	23	55	44	降降平平低上
惠中	52	$42_{=3a}$	42	22	44	34	降降平低升
惠西	52	$42_{=2b}$	42	323	44	34	
普宁	52	42	32	24	55	35	降降平低升升

第四步，找出系统对应（同一声调的调型对应）并列成表（表 23 中横表端调类排序按演化先后顺序）。比较横行“惠东”“惠中”等四种调型格局可看到同多异少、异同参差的情况：阴上都是降调；阳上前三处是纯低调，普宁是中升等等。从惠东六舒模式到惠中/西五舒模式，主要是阳去消失：惠中是阳去并入阴去，惠西是阳去并入阳上。之所以这么说，而不是反过来说阴去/阳上并入阳去（尤其是惠西阳上和阳去合流，一般情况下都会说浊上变去），是建立了演化圈以后才容易判断的。

第五步，历史探源：a）对每一项对应，在祖语中构拟一个能合理地发展成现在各子语中的音（由于年代不远并且调型有限，就在表 23 中选取现有的某个调型作为演化出发点）。b）据此决定现代某个词的古形式（确定何种调型在先，如上域｛*64*/*66*｝分别选为降调和平调链移的出发点）。c）再确定祖语音系，音韵组合规则（重建早期调型格局，把惠东格局看作早期格局）。

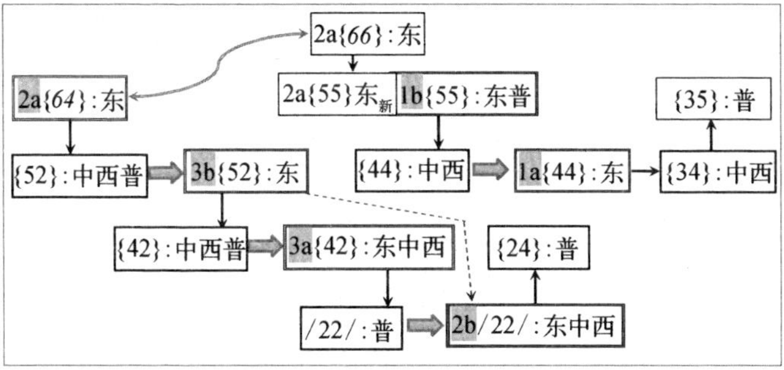

图 38　惠普舒声演化图

第六步，尽可能远地探索演化轨迹，凡自然演化，都会形成演化链/环。图 38 表明，六个舒声调之间有联动变化，将这连串变化加以抽象，即去掉具体调类，可得出图 39 逆时针和平调低化两条链移路径，以及一条中平嵌入规则。

第七步，凡不在演化链上的突变，考虑各种选择因素。图 38 中有一条直接从｛52｝跳到/22/（纯低调，在惠西实现为最低降｛32｝）的红虚线暗示有可能是接触引起的突变。链移过程若打断，则会有几种结果：1）原地合并，2）绕道，这两种语音上连续的变化可看做自然演化；3）跳跃，这种突变可能受到外力影响。

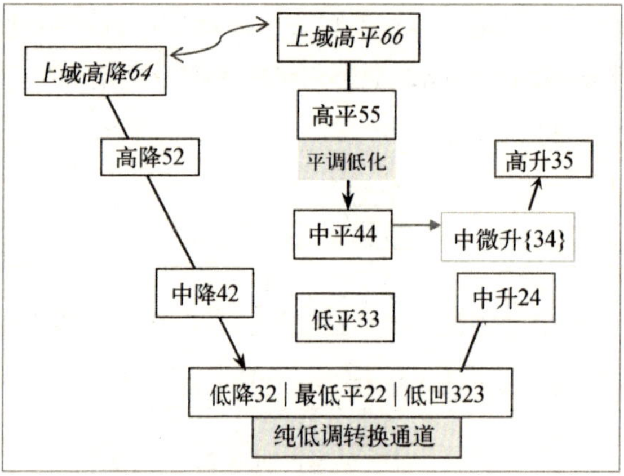

图 39　惠普声调链移路径

惠西葵谭镇毗邻汕尾陆丰市，后者阳去与阳上合流（潘家懿/郑守治 2009；徐馥琼 2010）。葵谭方言采取了相同的调类归并方式：阳去｛52｝跃过阴去｛42｝，直接跳到｛32/323｝与阳上合并（图 38 中虚线）。这个例子说明外部影响作用于自然演化而产生合力：自然演化是低化，外部影响提供了更低的越级低化选择（朱晓农 2016）。

9.4　语音是如何循环演化的？

9.4.1　声调是怎么循环演化的？

声调演变的研究一直停留在两句话上：调类稳定，调值多变。运用外部比较法，我们得出 9.2 节的惠普闽语的演化路径，加上梅州客家方言（朱晓农/李菲 2016）、泰语（朱晓农/林晴/趴差桠 2015）中的情况，可总结出与升降平调相关的四大演化律前两条是循环的，后两条变化结果能加入前两个环。

R1：顺时针链移环 {32>42>52>55>45>35>24>23/323/32}

R2：逆时针链移环 {*64*>52>42>32/323>24>35>45>55}

R3：平调低化链 {*66*>55>44>33>22/32/323}

R4：中平调辐射网 {44>45/34/24/54/43/42}

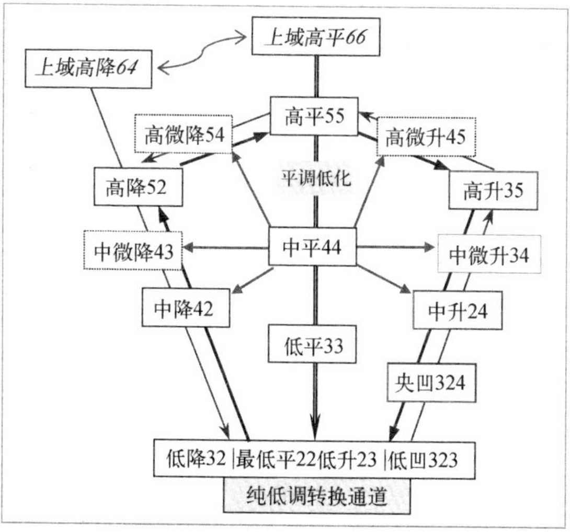

图 40 四大链移律

本小节内讨论了两条升降调和两条平调演化律，加前文 9.3.1 节的凹调网，声调共五大演化律。这些演化律可以用来解释语音上和地理上都是连续分布的共时声调差异情况；可以用来推测各方言声调变化所在的阶段，重建常观时间尺度的音法演化，并预测声调的演变趋势；还可以为方言分区分片提供系统标准。

9.4.2 元音是怎么循环演化的？

元音链式演化主要有前圈和后圈两个圈，及包括四种高顶出位在内的元辅通道（元音~近音~响音~振擦音）。这两个演化圈的构建是根据朱晓农（2004，2005）的四种汉语元音演变连接而成。前元音演化圈（后圈类似），约定一个假设起点 a，然后 1）链移高化到 i，

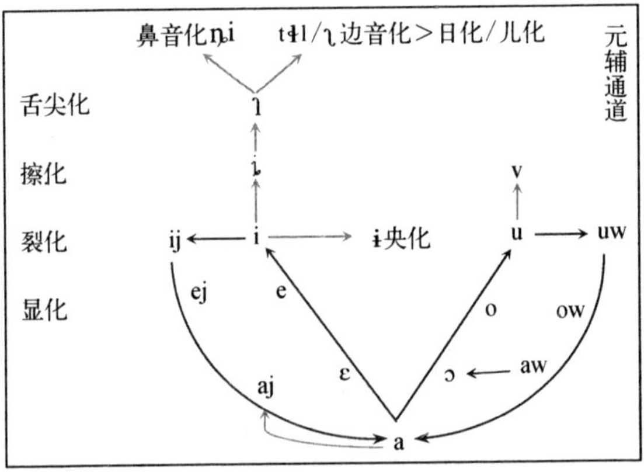

图 41　前/后演化圈和高顶出位

2）出位裂化为 ij，3）再一路复元音显化到 aj，4）最后听者不足改正变为 a。另外还可以 a>aj，那是另一条演化途径。

元辅通道是个新概念，它打通了元辅音的相互演化，把四种元音高顶出位和擦化/舌尖化/边音化/日化过程联接了起来。高顶出位到边塞擦音 tɬ、边音 l，就跟日化和儿音演化连起来了，这涉及元音、响音和个别振声擦音（朱晓农/焦妮娜 2006）。

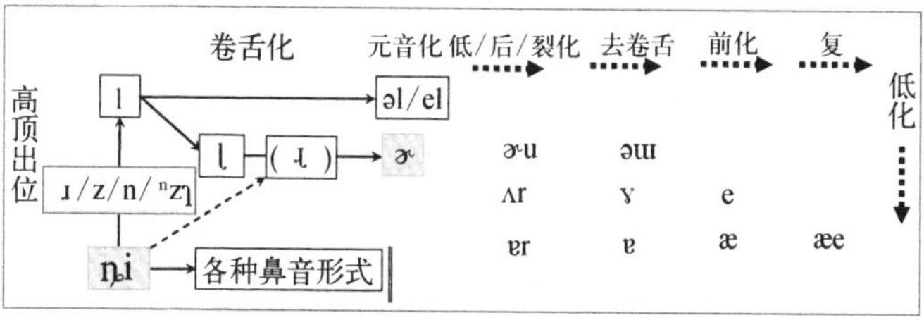

图42　儿化过程（/l ɭ ɻ/都自成音节）

9.4.3　辅音是怎么循环演化的？

辅音链式演化主要有清振内爆鼻音圈，以及送气气化来回链，都和发声态相关，不是纯粹的辅音变化。清振演化圈见于吴语、闽语、侗台语（朱晓农/寸熙 2006）。图43 左显示了长振声 bb/dd（Ohala 1977）或张声 ʔp/ʔt（Kagaya 1974）语音学上都可能变为内爆音 ɓ/ɗ，然后通过鼻/边音再变回振声 b/d。图43 右是送气

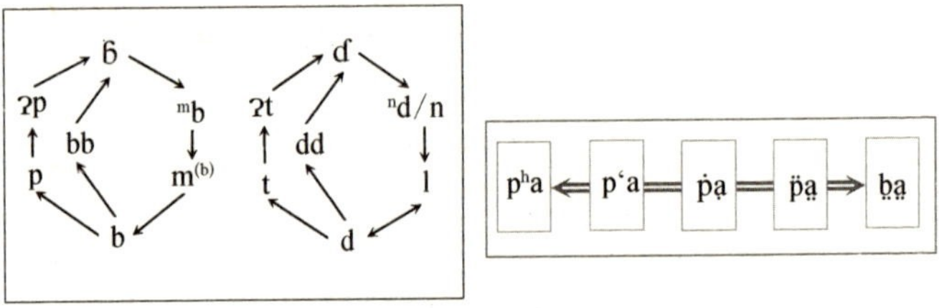

图 43 ［左］清振圈（清振内爆鼻音演化圈）
［右］气气链（送气–气化双向演化链）

气化来回演化链：送气态 p^h ↔弱送 p‘ ↔弱弛 ṗ ↔弛声 $p^ɦ$ ↔ 浊气态 $b^ɦ$。

先对术语音标说明一下，1）一般只说“送气音”“不送气”，不加“清”，这是因为在我们的发声态系统中，只有清音分送气不送气，浊音没有“*浊送气”“*浊不送气”这样的概念。过去所谓的“浊不送气”，其实就是“清冽声 2”或“振声”；所谓的“浊送气”，就是“气声”下的第一小类“浊气态”。2）“浊音”这个古代流传至今的术语一般避免使用，要用的话是作为音韵学/音系学的总括术语，包括振声和气声。3）弛声和浊气态的标准标法是同时在韵母和声母下/上加点（弱弛加一点），但为方便起见，可用上标 ɦ 代替，如：$p^ɦ$ = p̈a̤，$b^ɦ$ = b̤a̤。

图 43 的两个循环音变可以打通，即清冽声和气声可以交替，它们之间有两条通道，见下辅音–发声演化

图。一条上通道，可称为“清通道”：p↔pʻ，不送态和弱送态之间的转化，实例见湘语（朱晓农 2010b）、闽北（田野材料，未发表）。另一条下通道或“浊通道”：b↔$b^{ɦ}$/$p^{ɦ}$，振声和浊气态或弛声之间的共时变异，实例见湘语（朱晓农/邹晓玲 2017）、北赣（王彩豫 2016）。

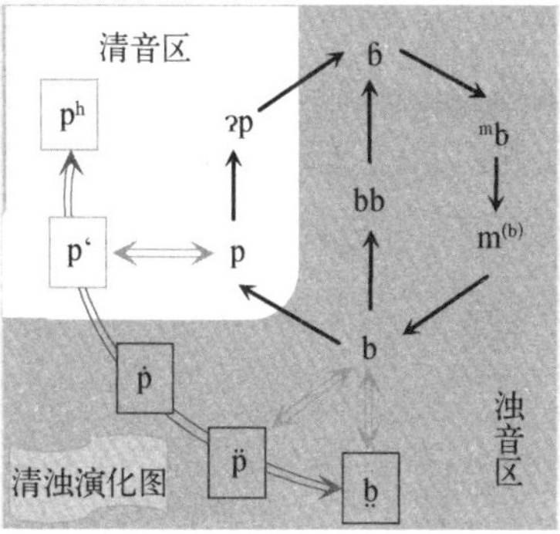

图 44　辅音-发声演化图（清振演化圈+气气链）

送气和气化的双向音变机制和史实见图 45。图中从下往上箭头就是历史上发生的真正的“浊音清化”。历史上发生的浊音清化不是振声变为清声 b>p/p^h，而是气声变为送气态（若低调）或不送态（若高调）。从上往下的清音浊化见于吴江吴语（朱晓农/徐越 2009），朝鲜语（朱晓农 2011b）、北部赣语（王彩豫/朱晓农 2015）和侗语（朱晓农/韦名应/王俊芳 2016）。

图 45　气气来回链的机制

有一种流行但错误的观点，认为清送气引发低调，导致“次清分调”。次清和低调在侗吴赣语中构成历时对应，这没问题；但送气态不是引发低调的直接原因。从音理上说送气不但不能降低基频，反而会使基频增加。跟不送气相比，送气态的喉下压力较高，如果其他条件一样，压力大的引发较高的基频。声调语泰语（Abramson 1964）和非声调语朝鲜语（Silva 2006）的数据都证明如此。那么，在吴赣侗语中为什么出现送气声母字的调值低于不送气？这可以从下图得到解答。

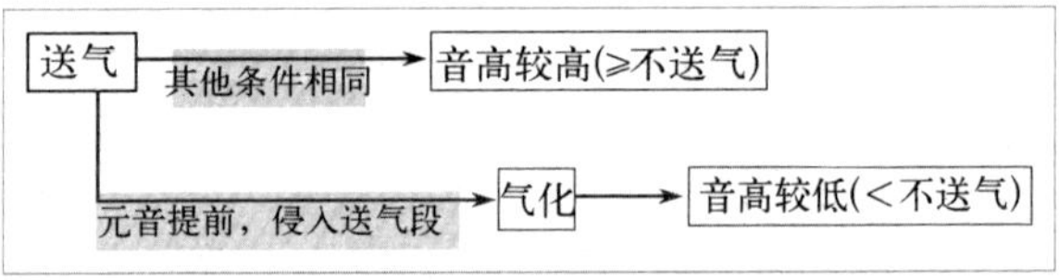

图 46　送气态的演化

从图 46 可以看到，清送气音如果没有什么变化的话，音高应等于/高于不送气音。但如果发生了时间错配,(从时间顺序和文字书写方向看我们会说送气段侵入后面的元音段,但实际上是)后接元音提前振动反向侵入送气段,从而造成一个送气和元音的交叉段,气化元音就此诞生(即清音浊化);而气化元音会降低音高。吴赣侗语中的次清化浊都属于气化导致分调(而不是送气导致分调)。

9.4.4 发声态是怎么互相演化的?

严格说起来,上面图 44 的演化图中只有右侧涉及响音的可以算是辅音演化,其余全是声素(发声态和超发声态——时长)演化。下图是一张完整的六大类发声态的互通演化图:

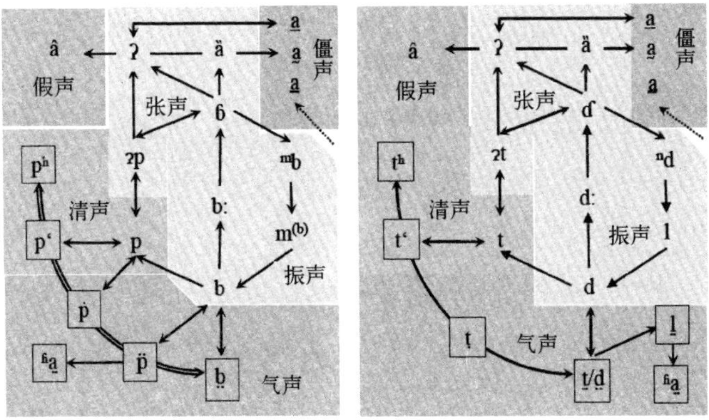

图 47 六类发声态的互相演化图

六类发声态（假张清振气僵）之间的转化，除了上一小节辅音循环演化中谈到的较常见的清振内爆和送气气声演变外，另三类较少成为音位的发声态（假张僵）也参与其内。图中央清振六边形中内爆 ɓ 和前喉塞 ʔp 本身就属于张声，与本类中的喉塞张声 ʔ 和张裂声 ä 之间的交替是很小的内部变化。张声和假声的互为变体在湘语中早就观察到了（彭建国/朱晓农 2010）。喉塞与喉堵、张裂声和嘎裂声之间的交替在闽南话（朱晓农/洪英 2010；张静芬/朱晓农 2017）、客家话（李菲/朱晓农，即出）、拉祜语（朱晓农/刘劲荣/洪英 2011）中也是很早就观察到的。内爆音、喉塞、张裂声的交替则是刚发现于海南回辉话（寸熙/朱晓农 2017）。僵声区右下有条虚线箭头，表示任何发声态如果音高足够低，都可能变为僵声。

9.5 自然音变的原因是什么？

9.5.1 什么是最大的驱动力？

从大部分情况来看，**自然音变源于犯错**——说错说错说错，最终积非成是。

所谓“说错”，从演化角度看，就是产生各种变异。变异有条件变异和自由变异。前者不算“说错”，它是一种协同发音。自由变异或随机变异是自然现象，所以这一现象本身不能说是“犯错”。但从结果来说，自由变异最终可能会偏离原先的标准发音，从而引发音变，就像基因传播中的拷贝错误一样，从这个角度来说，也算是一种犯错。

导致说错的多种原因中，最常见的一种也许就是“时间错配”（mis-timing），9. 4 节中的清音化浊即为其例，按说应该送气完了再发元音，但结果是声带提前振动，元音段反向侵入了送气段，造成了气化元音：$p^{h}a$ > ṗạa。由时间错配引发的音变是说者启动的音变。

说错的另一个源头是听错：听错了，完了跟着说错。听错的原因当然很多，听力上的、理解上的、环境干扰等等，还有一个目前在大规模发生的就是接触，所以人口流动性大、交流多的地方很容易发生。

还有一种“改错”（过分改正、不足改正），主要跟听感启动的音变相关。

9.5.2 什么是说者启动？

说者启动是由说者“说错”引发的音变。一种说错是随机变异，严格地说，不算说错。随机变异如果给选择机制选中，则可引发音变，见上 9. 3. 1 节。还有一种是真的说错，是发音时神经、肌肉没有完美配合而造成（朱晓农 2004c），例如元音高顶出位中就有时间错配引起的情况，见下第 3 种后显低裂化出于回归初始态。

说者启动大多出于交际目的，为了符合听者的感知要求而显化某个特征。下面三种显化驱动的音变都是高顶出位的表现（朱晓农 2004c）。

1）前高元音擦化 i>ᶖ，是出于显化区别度。这种情况一般出现在同音系中还有一个前高圆唇元音 y。为了增大与 y 的距离，i 便增大了摩擦。

2）有一种裂化，i>ei | u>ou。过去都认为前面增生了一个相对较低的元音 e 做主元音，原来的高元音 i 变成了后滑音，裂化成前响的复元音。但其实并非如此，其演化过程是：i 高顶出位，不明显地初裂为 ij，再进一步显化为 ei。这是出于“最佳滑音倾向于扩大滑动距离这么一条感知原理”（Stockwell 1978：343）。一般都是到了显化这一步才意识到单元音裂化为复元音了。此处 ij>ej 的显化可以看成是短元音低化的驱动力。这个演变序列 ij>ei>ai 符合拉波夫（Labov 1994：116）链移三通则中的第二条，短元音低化。

3）“后裂化”是指复元音化后如果显化，那就显化后一成分。后裂化不如前裂化常见，它有如下五种情况：ɿ>ɿ^{ə} | i>ie | y>yə | u>uɤ /ui | ɯ>ɯ^{ə}。这五种单元

音复化都是由“时间错配”（同时为了省力）造成的：维持高元音到后来稍一松劲而发声依然未停，就拖上一个向中央滑动的滑音，也就是回归发音的初始状态。其中似乎以第 1 种 ɿ>ɿ^{ə}、第 5 种 ɯ>ɯ^{ə} 更易产生。这些音变一开始时是前响式的，后面增生的是个滑音。但时间长了，后面的滑音有可能逐渐增强，最后变成后响式复元音也不是不可能。如徽语淳安话“子刺事” ɿɐ 的后滑音已经下降了，有的人反倒前面的 ɿ 比较轻弱了（曹志耘 1996：17）。

有关“前显裂化”和“后显裂化”的异同，有几点要说明。“前显裂化”和“后显裂化”最初都是增生一个后滑音，但后来显化的成分不一样：前显裂化后来显化的是前一成分，后显裂化后来显化（如果显化的话）的是后一成分。尽管两者显化的前后成分不同，但都是显化舌位较低的那部分。两者最初都是增生一个后滑音，但起因很不一样。前裂化最初增生一个后滑音是由高化驱动的，而后裂化增生一个后滑音则可能与回归初始态有关。

9.5.3　什么是听者启动?

语音信号的物理性质和听感并不总是一一对应的（Jakobson *et al* 1952）。听者听到一个不专一对应的语音信号，归类时可能解读错误。例如发 ai 时，这个 i 不是一个到位的 i，而只是表示一种舌位向上向中央滑动的趋向。这段滑动是说者有意为之的，但听者有可能把它当作发长 a 时自然地回归初始态，因为语言中发长 a 时有发成 aə 或 a↑ 的自然倾向。他把说者有意为之的发音 ai 当成长 a 的无意的、伴随的 a↑，于是他自作主张地错改成长 a。这是一种由听者发动的“不足改正”（Ohala 1981）。

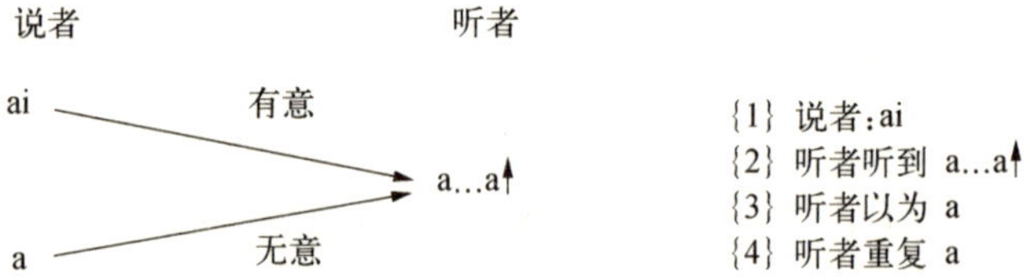

图 48　听者误解错改引起的音变的程序

从说者方面来看，他可能说 ai，也可能说 a。在听者这方面，可能两者听得清清楚楚，也可能就听到一个 a... a↑ {步骤 2}。在一般情况下，他能根据自己的判断，把 a... a↑ 正确复原成 ai 或 a。但也可能错误解读，把说者原定的语言目标 ai 当成了 a {步骤 3}。当听者重复时，他就会发成 a {步骤 4}。这第 {3}、第 {4} 步容易发生在人口混杂的语言社区。当非本地人学说本地话时，很容易错误解读，把非区别性的伴随特征当成语言目标，去刻意学习，结果就产生了音变的源泉。（朱

晓农 2005）

9.5.4 声调三大链移的驱动力是什么？

上面两小节谈的是比较大的原则。具体到某个调型或音素的演化，会有一些具体的原因。比如声调三大链移律，顺/逆时针圈和高平低化链，前两条跟顺低调通道转换有关，后一条的发生跟另两条规则有关。

纯低调通道转换和升降调显化规则：凡到达纯低调/22/处的都可能产生低降变体｛32｝，或低升变体｛23｝。由“升降调显化规则”（即一度升降显化为二度）向中降｛42｝或中升｛24｝变去。如果调系里原来有中降或中升，则可能引发顺/逆时针音变。

高平｛55｝最容易出现，也容易变动。其中最常发生的是高平低化链，这主要由下述两条规则引发。

最大区别度原则：高平｛55｝最容易出现是因为它的区别度最大。

费力原则：｛55｝容易变动是因为维持高平要花费较大精力，所以容易低化为｛44｝或自然下倾为｛54/53｝等。

9.5.5 辅音突变是怎么进行的？

过去一直以为音变是一个音直接变为另一个音：A>B。对一些连续分布的音，如元音、声调，这是对的，但对于一些不连续的辅音突变，一种情况是靠异读扩散，这就是著名的“词汇扩散论”（Wang 1977）。扩散论很大一部分说明的是接触传播或类推传播。

其实，大部分自然音变经历的是一个特征替换过程：

$$A_B > B_A > B$$

即有一个A音，带有一个伴随特征B。后来这个B逐渐壮大，喧宾夺主，反倒成了主要特征，把A降为伴随特征。最后A逐渐失落。A变为B就是这样很自然地替换过去了。这种喧宾夺主的过程就是一个自然变异中某个共现特征被加强、放大，被选择的过程。而结果就是一个犯错累积：应该A强B弱啊，却错误地发成和/或理解成B强A弱了。

声调的产生就是这么进行的：先是发声态作为主要特征，音高是伴随特征。后来音高成了主要特征，发声态降为次要特征——声调就此产生。然后发声态成为羡余特征而逐渐消失（朱晓农 2009）。例如早期中古阳调字是带气声（记为B）的浊音字（带不带声是可选项），气声一般是低调（记为L）：$B_L > L_B > L$。

入声-p/t/k尾的消失也是这样进行的。固然我们能看到入声类混淆的例子：-p/t>-k，但像粤语这种入声韵尾-p/t/k 变为吴语那种喉塞韵尾-ʔ，整体上是经历了一个韵尾替换过程：先是-p/t/k 尾是主要特征，后来带上一个同时性喉塞ʔ作为伴随特征，如 $p^{ʔ}$。后来喉塞 ʔ 越来越强，成阻也早于-p/t/k 尾了：-ʔp。于是慢慢成为主要特征，而-p/t/k 尾降为次要特征：$ʔ_{p/t/k}$，最后完全失落（朱晓农/严至诚 2009）。

9.6 演化音法学和相邻学科有什么异同？

9.6.1 历史比较语言学有什么不同？

常常有人问：演化音法学和历史比较语言学（即历史音韵学）有什么区别？它们是一样的吗？

演化音法学和历史音韵学有相同处，但不同处可能更多更重要。

首先，两者都是研究语音的演变，认识途径都是从共时分布来探测历时演变，基本方法都使用历史比较法。

区别在于：

1）历史音韵学只是从现有的点方言的记录着手，而演化音法学由于有新技术，还可使用一个方言点内部的不同发音人的共时变异材料，因此发展出一种“内部变异比较法”。相对之下，原先的历史比较法是“外部比较法”。

2）演化音法学也有外部比较法：外部格局比较法。不同的是，历史比较法外部比较了以后构拟的是一个音，而外部格局比较法正如客家话、闽南话、泰语（cf. §9.4），可以拟测一个调系（舒声调）的整体链式演化。

3）两者都关注现实的读音和起点的构拟之音。不过历史音韵学一般列出起点和终点的对应就算完成任务了，而演化音法学则要找出有例证并符合音理的中间阶段。这种细节关怀主要托福于技术的进步和音理的明了。

4）一个重大区别在于，历史音韵学的目标是重建某个语言的古音系统，而演化音法学的目标是理解语音的一般演变规律，至于具体某语言的古音重建则是副产品，是理解了一般规律后顺便重建了的。

5）历史音韵学重建的是整个古音系统，而演化音法学并不强求系统重建，它只是做一项项专题研究，一般只重建某一个或某一类音，而不是重建整个音系（当然能重建一个调系当然最好了）。如果某一天古音系中的每一类音都确凿无疑地重建了，那么重建整个古音系也就顺手之便，是个副产品。

6）演化音法学可以作为历史音韵学的基础研究，

演化音法学所得到的普遍音理、普适演化圈链可以帮助历史音韵学构拟某个具体语言的古音。当然，历史音韵学的成果也能为演化音法学提供检验的机会。

9.6.2 演化语言学和接触语言学对立吗?

这也是一个常常有人提起的问题。回答是：对不对立看你怎么理解“对立”一词。逻辑关系上它们不是矛盾（橙和非橙），而是对立或对待（橙和黄，橙和紫等）。研究语言变化有多种理论和方法，它们彼此之间都是对立或对待关系。但“对立”还有个常用义：对峙冲突，例如“双方对立情绪严重”——演化音法学和接触语言学不是这关系（演化论者是这么看的，当然我不能代替每一个接触论者也这么认为）。它们是互补，各干各的。不过，演化学按我看是更为基础的研究，因为它的研究结果可以为接触研究提供导航：

> 这是自然演化，所以不必费力去找接触原因，找触发机缘即可；
>
> 这不是自然演化，值得深挖结构、接触或语言内部社会动因。

所以，音变研究首先要关注的是演化，只有知道了什么是自然演化，才能把剩下来的归入接触变化，否则就只能是你姑妄言之我姑妄听之了。

我曾经拿长江做比喻（朱晓农 2010d）。你要是在崇明岛那儿发现点什么，如果是源头沱沱河里带来的，那是谱系遗传，如果是支流汉水、湘江里带来的，那是接触传播。大部分长江水当然在干流里，那是自然演化。而且，不管是源头水，还是支流水，流进了干流就跟着一起自然演化。

一个语言可以自顾自地变化，这是自然演化、“纵向传递”；当然也可以和别的语言接触而留下借用成分或底层，这是接触变化，是“横向传播”。演化学主要研究前者，接触论研究后者。有很多过去被认为是接触音变的现象，实际上是自然演化，如汉语内爆音、苗瑶侗台声调等大多是自然发生的，并不是以前所认为的汉语内爆音借自百越-侗台，苗瑶侗台声调借自汉语，接触只是提供了可有可无的助力（其实，苗瑶侗台的声调发生可能早于汉语（朱晓农 2009））。那些在演化圈链上的音变，都可以看作是自然音变，接触可能起作用、也可能不起什么作用。例如歌部字上古**aj>中古*ɑ（>*ɔ）（朱晓农 2005），现在官话里读成 o/ɤ，粤语里读成 ɔ，接触论要是认为粤语发音受到官话慢一拍的接触影响，那就没法解释吴语中发成 u 的情况了。你不能说吴语预支了下一步的官话影响。在温州一带我们可以看到这一条完整的高化链：ai（簸饿个）~a（破拖）~o（左朵）~u（多歌）（郑张 1983）。

认识上一个基本区别是，接触在接触论中是演变的直接驱动力；而在演化音法学的变异/选择中，接触只是选择过程中的触发机制之一。

方法上接触论是比较两处有接触关系的语言，有某些特别的相同处（本该不同现在相同了，或某种少见的音），就断言借用或底层。而演化论从音理着手，用的是变异比较法和格局比较法（cf. §9.3）。

目的上的基本区别是，接触研究大多比较具体，两处语言都有个比较特别的音，找出移民或优势语的趋向，然后断言谁借给谁或谁遗存什么，任务基本上就算完成了（当然也有理论研究揭示不同类型的接触变化）。演化论是通过个案寻找通例，或从一般原理理解个案。用流感来打个比方，接触论发现甲今天患流感，乙前天患流感，两人昨天见过面，所以结论是乙传染给甲，接触研究就算完成。演化会继续问，乙是不是从丙那儿传染来的？丙是不是从丁传染来的……最后追到原发病人，他是怎么得病的？这才是演化音法学关心的问题。在追踪过程中，可能会发现，原发病人不止一个，而是好几个，他们得病的原因是一样的呢，还是不一样？演化音法学的目的是找因果关系的因，同时也关心在因果传递过程中可能有的媒介触发机缘，这个机缘包括音系内部的格局，本语言社团的社会因素，语言接触等等。而接触语言学一般关心的是最后那项机缘。

举个内爆音（前喉塞音）的例子。过去国内和国外学界一致认为吴语（从上海郊区到浙南）内爆音是两三千年前百越语中遗存下来的底层（想没想过那时上海还在海底），海南闽语中的内爆音是从侗台语中遗存或借来的。我呢觉得这种接触论观点对于音变研究来说，不但没解决问题，反而阻塞了进一步的探索。就算是借用的（其实不是），那么侗台语是向谁借的呢？可能是南亚语，因为南亚语中也有。那么问题又来了，南亚语是向谁借的呢？可能是印地语，因为印地语也有。你以为完了吗？没完啊，印地语是向谁借的呢？可能是中/西部非洲的语言，因为那儿也有。现在你自己就能发问了，中西非是向谁借的呢？（在这一点上，“接触论粉”很像“谱系树粉”，有什么相同的就追到同根同源，结果希腊语和檀香山也扯上同源关系了。）总有一个第一发生吧。而这个第一发生，就是演化音法学的首要目标。接着的目标是探讨如何进一步演变。这就发现了该变没的音早在万年长河中变没了，现有的世界语音库中的成员，即使一时变没了，总有条回路可以变回来的。

现在我们知道了，语音是能自然产生的，而不一定去借贷才有。那么，在同样条件这儿能自然产生，那儿为什么不能自然发生呢？这就是我们后来在很多地方发现内爆音的原因，它其实很普通，必要的音理条件满足了，就有了自发产生的前提。潮汕漳泉闽南语中都有，而且变来的路线，既可以（硬）清爆音（ʔp>ɓ），也可以是（长）振爆音（bb>ɓ）（cf § 9. 4. 3）。所以，对海南闽语中的内爆音可理解为，它是几百年前从漳泉潮汕带过去的，到那儿以后，周遭内爆音特强烈，就助推原来的自由变体固化为音位了。当然，演化论并不否认在某些个案中存在着内爆音的借用或底层，因为说到底，语言就是用来交流或接触的。

9.7 演化音法学向何处去？

“太阳底下”，固然如一位演化论者所言，“没有一样东西不演化的”。

太阳之上，何尝不是如此。

语言演化的一些理论问题王士元先生很早就提出来讨论了（Wang 1978, 1979）。经过三四十年的孕育，近年来终于呈现出井喷之势。

演化音法学的理论和方法有两个关键词——“变异”和“实证”，体现在下面两个信条中：

1）共时内部变异："从变化中的语言研究语言的变化"（拉波夫）；"音变源自共时变异"（奥哈拉）。

2）实验和观察证据："实验室重现历史音变"（奥哈拉）；"语音之奇，远非人脑所能想象"（竹子，这本是福尔摩斯的话"Life is infinitely stranger than anything which the mind of man could invent"，我仿造了来说明田野工作之必要/之迫切）。

总之，演化音法学以实验语音学为工具来描写音系内部特征及其变异，比较跨语言分布特征，考察类型共性，并以此为出发点重建，并**预测**音法演化之道。（顺便提一下，拉波夫自号"变异学派"，他很不满意人家叫他社会语言学派，好像还有社会以外的语言。）

演化音法学在国内外还都在草创阶段，所以年轻人的参与是生逢其时，说得功利点，就是摘取低枝果实的好时机。也正因为在起步期，各种方法、各种路向都有尝试。本书所讨论的演化音法学从认识论到方法论，都相对比较完整。

近年来演化音法学进展神速，发现了如此之多以往闻所未闻的共时语音现象和演化类型，验证并从音理上解释了很多已知的历时对应，揭示出以往被忽视的汉语方言及与其他语言之间的音法共性，包括类型分布和自然变异，从而大大丰富了一般语音学。可以说，像赖福吉那本原本世界通用的《语音学教程》，现在需要增加一倍篇幅才够通用。演化音法学的成功，使得类型学有了更充分的存在理由，也使得语音学第一次敢于提出如下那种终极问题：

语音是什么？
它从哪里来？
它往哪里去？（竹子）

怎么应对两方面的挑战——代结语

从语音数据到音法范畴……

对于学界只是短短半句话，

对我个人却是整个学术生涯。（竹子）

本书虽小，但很充实。内容多不说，还很新，即使和我前几年的《语音学》（2010）相比，观念上、整体理论上和分类系统上都有很多更新。可以说，本书是我对语言语音学的最新理解。

语言语音学暨音法学是语音科学和语言学的交叉学科。由于处于这两者之间，就会受到两方面的压力。来自语音科学的压力是“科学化”“数学化”，来自语言学/音系学方面的压力是形式化、简约性（simplicity）。我就代语言语音学暨音法学来回答这两方面的压力。其实不是我回答，是我引两位大物理学家，爱因斯坦和费米的话来回答。

对于来自语音科学“科学化”“数学化”的要求，回答是——

> 任何事物都能加以科学的描述，比如你可以把贝多芬交响乐描述成波压变化，但这样做毫无意义。（爱因斯坦）
>
> Since the mathematicians have invaded the theory of relativity, I do not understand it myself anymore.（爱因斯坦）

对于来自音系学形式化、简约性的要求，回答是——

> 万事皆需处理得越简明越好，但别过分。（爱因斯坦）
>
> Mathematics is to physics what musterbation is to sex.（费米）

形式音系学中的形式化、简约化要求还远未到家，其实犯不着去请爱因斯坦他老人家来回答。

简约性固然很重要，它是形式科学的终极目标（即满足充要性），但经验科学不同。经验科学和形式科学一样，起点是自洽性（内部无矛盾），但经验科学的最终目标是完备性（能说明所有相关事物），简约性只是经验科学的途中目标，即在前沿领域证据不足的情况下，如果其他情况都一样，多个竞争理论中简约者胜出。对照构成科学工作的三大成分——齐一性原理、逻辑构造型理论、实证检验——最终目标完备性等价于齐一性原理，起点自洽性等价于逻辑构造型理论，但这些理论对不对、好不好，都要经过实证的检验。

再者，简约性是全局性要求，而不是得到某个局部性简约化处理就以为万事大吉了。比如理论音系学中把声调简约为 **H/L**，这种单单追求表达单位的简单，引出的后果是整个表达过程（如实现规则）的加倍繁复，而且还硬把有区别的调足塞进同一个尺码的履里，比如 13 种不同的降调都只能表达为［**HL**］。这种为简约而简约的做法不是经验科学里的常规工作方式。音法科学中选择声调表达单位的标准，需考虑描写充分性、理论充分性、类型共性和演化原理（Zhu & Wang 2015）。

这就是我要强调的：语言学不是形式科学，它是经验科学！我从没见过哪门经验科学胆大到自称或萎缩到自认和数学、逻辑学、电脑程序一样是形式科学。任何经验科学都可使用形式方法如数学、逻辑、电脑程序，但任何经验科学的研究对象本身都不是像数学、逻辑、电脑程序那样的一个形式系统。研究对象是否形式系统这一内在性质，决定了研究本身形式性和经验性的分野。语言本身不是一个形式系统，而是一种人类行为或者是一种大脑机能的外化，语言内部充满重复拖沓甚至矛盾错误。插一句，形式逻辑是人类文化的突变，希腊逻辑和印度因明都是在两千三四百年前发明的，其他民族比如中国一向是没有逻辑概念的（“逻辑”一词都只有100年历史），孟子、墨子都不懂逻辑，没有形式系统概念，推理也不遵循逻辑之道，而是用的同构和对比推演法（朱晓农，twitter）。你能指望一个非形式系统的主体随机产生的结果，恰好构成或内在符合一个形式系统？能期待历来无逻辑、非理性的中国传统文人思想家说出来的话，恰好构成或内在符合一个逻辑系统？

想都别想。

你可以从方法论上假定一个内部一致的理想语言状态，从而使用数学、逻辑等形式化方法，但千万不要把方法论上的形式手段误认为语言本体论上的形式主义，误以为语言本身就是个形式系统，再进一步把语言学的学科属性（形式科学还是经验科学）也曲解了。

记得很多年前跟一位老同学争论科学啊人文啊那些

个话题，我说不能把语言的人文性混同于语言学的人文性，语言学作为科学，甚至作为文科，值得强调的只有科学性。

把上述两种观念合在一起，看看问题出在哪里：

> 人文派坚持由对象决定方法的“人文精神”：**研究对象有人文性**，那么研究方法也应该用人文方法（而非科学方法）；
>
> 形式派坚持由方法决定对象的“形式主义”：**研究方法使用了形式化方法**，那么研究对象也就成了形式系统。

看似两极震荡，内在性质相同，都认为对象和方法的性质是一致的。

这两种观念都对了一半：语言有人文属性，但不妨碍使用形式化的科学方法。

也都错了一半：研究对象不是形式系统，研究方法不能用人文方法（其实人文方法从来没有定义过，用个类比，大体上像文学评论，参看朱晓农（2008））。

总之，语言语音学是这样一门学科：它既要使用包括数学和逻辑的形式化方法，又要保留生理、物理、心理的属性，还要符合音系处理的简明性要求。最后也是最重要的，它要有语言学内涵，也就是说，某个数学公式、某个逻辑推导式、某一批统计数据，必须要音法化，即要在音法学中范畴化、概念化，否则就会言不及义（要么在谈贝多芬交响乐的声波压力，要么在玩输入输出的纸上游戏）。

以上所论，算是对一个时代的方法论小结，当然是我所理解的方法论，也是我所处的时代。今天是一个人类演化的指数曲线突然到了临界点的时刻。在此之前的狩猎采集时代，进步是以万年为单位的，农业和工业时代进步分别以千年和百年为单位。而到了信息时代，人工智能和生化算法的进步以十年为单位了。现有的学科，有用的学科吧，马上会重新洗牌，进入一个“数据主义”也好，“人智主义”也好的新的方法论范式。在这一刻，我很自豪也有点伤感地宣布见证了上一时代，很衷心也有点嫉妒地祝福准备进入下一个时代的新人。

参考文献

朱晓农 2014. 声调类型学大要.《方言》3：193－205

朱晓农 2012b. 降调的种类.《语言研究》2：1－19.

朱晓农 2012a. 《音法演化——发声活动》. 北京：商务印书馆.

朱晓农 2011b. 辅音类型还是别的什么类型？——如何在发声类型框架中安排吴语和韩语的三套塞音？《中国语言学集刊》5.2：173－186.

朱晓农 2011a. 语言语音学和音法学：理论新框架.《语言研究》31.1：64－85.

朱晓农 2010d.《语言兴衰论》译后 . 415－430. 北京：北京大学出版社.

朱晓农 2010c. 为音节学服务的语音学——赖福吉《语音学教程》中译本代序. 《东方语言学》7：137－146. 载朱晓农 2006a：78－93.

朱晓农 2010b. 全浊弛声论：兼论全浊清化（消弛）低送高不送.《语言研究》3：1－19. 载朱晓农 2012a：273－318.

朱晓农 2010a.《语音学》. 北京：商务印书馆.

朱晓农 2009. 声调起因于发声. 复旦《语言研究集刊》第 6 辑，1－29. 载朱晓农 2012a：377－425.

朱晓农 2008b. 音节和音节学. 《东方语言学》4：142－164. 载朱晓农 2012a：38－77.

朱晓农 2008a. 《方法：科学的灵魂》. 北京：北京大学出版社.

朱晓农 2007. 证早期上声带假声.《中国语文》2.

朱晓农 2006c. 内爆音.《方言》1：16－21.

朱晓农 2006b. 论分域四度标调制. 载朱晓农 2006a：170－187.

朱晓农 2006a.《音韵研究》. 北京：商务印书馆.

朱晓农 2005b. 实验语音学和汉语语音研究.《语言学前沿与汉语研究》(刘丹青编)，225－257. 上海：上海教育出版社.《南开语言学刊》第5期，1－17. 载朱晓农 2006a：1－37.

朱晓农 2005a.《上海声调实验录》. 上海：上海教育出版社.

朱晓农 2005. 元音大转移和元音高化链移. 《民族语文》1：1－6. 载朱晓农 2006a，420－431.

朱晓农 2004c. 汉语元音的高顶出位. 《中国语文》5：440－451. 载朱晓农 2006a，98－121.

朱晓农 2004b. 亲密与高调.《当代语言学》3：193－222. 载朱晓农 2006a：38－97.

朱晓农 2004a. 浙江台州方言中的嘎裂声中折调.《方言》3：226－230. 载朱晓农 2006a：122－131.

朱晓农 1989. 腭化与-i-失落. 《徐州师范学院学报》1：86－94. 载朱晓农 2006：330－342.

朱晓农 1987. 音标选用和术语定义的变通性. 《语文导报》3：55－58. 载朱晓农 2006a：301－313.

朱晓农 1986. 古音学始末. 上海社科联合会编《争鸣与探索》. 又载《中国语言学发展方向》，58－90. 北京：光明日报出版社，1989. 又朱晓农 2008a：153－174.

朱晓农 1982. 关于普通话日母的音值.《中国语文通讯》3：19－22. 收于朱晓农 2006a：132－134.

朱晓农/邹晓玲 2017c. 清浊同调还是气声分调？——在音节学和类型学普适理论中安排湘语白仓话的声调事实.《南方语言学》12 辑：1－11.

朱晓农/周学文 2008. 嘎裂化：哈尼语紧元音.《民族语文》4：9－18. 收入朱晓农 2006：224－240.

朱晓农/章婷/衣莉 2012. 凹调的种类. 《中国语文》5：420－436.

朱晓农/张瀛月 2016. 东部中原官话的声调类型.《语言研究》3：1－15.

朱晓农/衣莉 2015. 西北地区官话声调的类型.《语文研究》3 期（总第 136 期），1－11.

朱晓农/衣莉 2011. 两折调的故事. 复旦大学《语言研究集刊》8. 129－141.

朱晓农/杨建芬 2010. 嘎裂声作为低调特征：河北省方言的声调考察. 复旦大学《语言研究集刊》第 7 辑 134－147. 载朱晓农 2012a：256－272.

朱晓农/严至诚 2009. 香港粤语入声韵尾的性质. 首届演化语言学研讨会，28－30/3，2009. 广州.

朱晓农/徐越 2009. 弛化：探索吴江次清分调的原因.《中国语文》4：324－332. 收入朱晓农 2006，185－201.

朱晓农/吴和得 2007. 高坝侗语五平调和分域四度标调法. 复旦《语言研究集刊》4：306 － 317. 载朱晓农 2006：346－363.

朱晓农/韦名应/王俊芳 2016. 十五调和气调：侗语榕江县口

寨方言案例.《民族语文》4：1－9.

朱晓农/韦名应/王俊芳 2016. 十五调和气调：侗语榕江县口寨村方言案例.《民族语文》5：3－12.

朱晓农/石德富/韦名应 2012. 鱼粮苗语六平调和三域六度标调制.《民族语文》4：1－10.

朱晓农/阮廷贤 2014. 越南语三域八调：语音性质和音法类型.《民族语文》6：3－17.

朱晓农/麦耘/沈瑞清. 即出. 演化音法学和汉语音法演化研究.《历史语言学》.

朱晓农/龙从军 2009. 弛化：佤语松音节的松元音.《民族语文》2：69－81. 载朱晓农 2006：202－223.

朱晓农/刘泽民/徐馥琼 2009. 自发新生内爆音——来自赣语、闽语、佤语的一手材料.《方言》1.

朱晓农/刘劲荣/洪英 2011. 拉祜语紧元音：从嘎裂声到喉塞尾，《民族语文》3：1－9.

朱晓农/林晴/趴差桠 2015. 泰语声调的类型和顺时针链移.《民族语文》4：3－18.

朱晓农/李菲 2016. 梅州客方言的双向声调大链移：以演化比较法重建常观演化史一例.《语文研究》3：1－8.

朱晓农/焦妮娜 2006. 晋城方言中的卷舌边近音［ɭ］——兼论“儿”音的变迁.《南开语言学刊》1：33－39.

朱晓农/焦磊 2011. 短调无塞尾：报告一例特殊的入声类型. 复旦大学《语言研究集刊》8. 142－147.

朱晓农/焦磊/严至诚/洪英 2008. 入声演化三途.《中国语文》4：324－338. 收入朱晓农 2012a：445－473.

朱晓农/洪英 2010. 潮州话中来自清爆音的内爆音.《中国语音学报》2：103－107.

朱晓农/关英伟 2010. 全州土话音节的四分发声活动：兼论自发内爆音.《方言》4：289－300. 载朱晓农 2012a：555－576.

朱晓农/寸熙 2006. 清浊音变圈.《民族语文》3：3－13.

朱晓农/寸熙 2003. 韶关话的小称调和嘎裂声.《汉语方言语法研究和探索》346－354，戴昭铭主编，哈尔滨：黑龙江人民出版社.

朱晓农，即出. 演化比较法：如何研究声调演化？《语言科学》.

朱晓农，推文.《中国式逻辑，语言演化观中的》. 部分章节发表于微信公众号《语言中的文化》.

周祖瑶 1987. 广西容县方言的小称变音.《方言》1. 58－65.

中国科学院少数民族语言研究所 1959. 《布依语调查报告》. 北京：科学出版社.

赵元任 2002/1959.《语言问题》. 载《赵元任全集》第 1 卷，1－184. 北京：商务印书馆.

赵元任 1960. 说清浊.《史语所集刊·三十周年纪念专号》，第三十本. 载《赵元任语言学论文集》，北京：商务印书馆，2002.

赵元任 1935. 中国方言当中爆发音的种类，《史语所集刊》五本四分，515－520.

赵元任 1934. The non-uniqueness of phonemic solutions of phonetic systems，《史语所集刊》四本四分.

赵元任 1928.《现代吴语的研究》. 北京：清华学校.

赵元任 1922. 中国言语字调底实验研究法. 《科学》7 卷 9 期. 载《赵元任语言学论文集》27 － 36，北京：商务印书馆，2002.

章婷/朱晓农 . 2014. 兴化双域七调：调型格局和发声态演化，

《南京师范大学文学院学报》4：166－173.

章婷/朱晓农.2012. 苏北连云港方言的三域声调系统——普通发声态、张声和嘎裂声.《方言》3：193－199.

张瀛月/朱晓农.2013. 滕州地方普通话声调变异的实验研究，《中国社会语言学》2：37－49.

张静芬/朱晓农. 2017. 声调大链移：从惠来普宁一带的共时差异看声调的系统演化.《中国语文》5：522－535.

叶国泉/唐志东.1982. 信宜方言的变音.《方言》1. 47－51.

徐越/朱晓农 2011. 喉塞尾入声是怎么舒化的？——孝丰个案研究.《中国语文》3：263－270. 载朱晓农 2012a：499－518.

徐馥琼 2010. 《粤东闽语语音研究》，中山大学博士学位论文.

王彩豫 2016. 监利赣语的“浊送气”声母.2016 汉语方言类型研讨会论文，2016. 08. 5－6，广州.

王彩豫/朱晓农.2015. 监利张先村赣语的三域十声系统.《方言》2，111－121.

唐兰 1948. 论唐末以前的“轻重”和“清浊”.《北京大学五十周年纪念论文集》.

沈瑞清/洪英/林文芳/朱晓农. 2017. 建阳闽语的声调模式：兼论五条降拱的类型学意义. *Bulletin of Chinese Linguistics*，9：250－263.

彭建国/朱晓农 2010. 岳阳话中的假声. 《当代语言学》1：24－32. 载朱晓农 2012a：169－184.

潘家懿/郑守治 2009. 粤东闽语的内部差异与方言片划分的再认识.《语文研究》3：55－59.

麦耘 2016. 汉语方言中的舌叶元音和兼舌叶元音. 《方言》2：129－143.

麦耘 2014. 湘语冷水江毛易镇方言声调系统——一个方言内部的两种“两域四上升调”格局.《方言》4：289－295.

麦耘 2007. 广西贺州八步区八都话入声的语音分析.《桂林师范高等专科学校学报》1：1－7.

吕叔湘 1984. 谁是张老三？张老三是谁？《中国语文》.

罗康宁 1987.《信宜方言志》. 广州：中山大学出版社.

刘复 1926.《四声实验录》. 上海：亚东书局.

林文芳/洪英/朱晓农 2013e. 短降也分高低——降调种类的补充.《东方语言学》13：1－10.

林焘 1996. 日母音值考.《燕京学报》新 1 期.

梁启超 1985.《中国近三百年学术史》. 北京：中国书店.

赖伟/徐小颖/陈丽美/朱晓农. 2016. 荣成声调的类型学意义.《东方语言学》16：18－26.

李菲/朱晓农. 即出. 梅州客方言入声：共时分布和演化途径.

侯精一（编）1999.《现代汉语方言音档》. 上海：上海教育出版社.

洪英/林文芳/朱晓农 2013b. 谷饶方言的四个降调. 载石锋、彭刚（主编）《大江东去》，219－234. 天津：南开大学出版社.

国际音标中文版，《方言》1979. 4：315－317.

高本汉 1915－1926.《中国音韵学研究》，赵元任等译，上海：商务印书馆 1940. 缩印版 1994. 北京：商务印书馆.

寸熙/朱晓农，2017. 海南回辉话的内爆音：对音法类型学和演化音法学的意义.《民族语文》5：1－12.

崔荣昌/李锡梅 1986. 四川境内的“老湖广话”.《方言》3：188－197.

曹志耘 1996.《严州方言研究》. 东京：好文出版.

Zhu, Xiaonong & Li Yi. 2012c. Double circumflex and back dipping: Reports on two newly confirmed types of contour tones. *Cahiers de Linguistique Asie Orientale* 41. 1: 81 – 106.

Zhu, Xiaonong & Caiyu Wang. 2015. Tone. Chapter 37, *Oxford Handbook of Chinese Linguistics*, 503 – 516. Edited by William S. -Y. Wang and Chaofen Sun. Oxford University Press.

Zhu Xiaonong 2017b. Tonogenesis. In Rint Sybesma (editor-in-chief) *Encyclopedia of Chinese Languages and Chinese Linguistics*. Vol. IV, 360 – 370. Leiden, Boston: Brill.

Zhu Xiaonong 2017a. Chinese Phonetics. In Rint Sybesma (editor-in-chief) *Encyclopedia of Chinese Languages and Chinese Linguistics*. Vol. III, 399 – 413. Leiden, Boston: Brill.

Zhu Xiaonong 2015b. Types of falling tones. *Journal of Chinese Linguistics*. 43. 2: 605 – 637.

Zhu, Xiaonong. 2015a. Phonetics, Articulatory. In: James D. Wright (ed), *International Encyclopedia of the Social & Behavioral Sciences*, 2nd edition, Vol 18. pp. 65 – 74. Oxford: Elsevier.

Zhu, Xiaonong. 2012. Multiregisters and Four Levels: A new tonal model. *Journal of Chinese Linguistics* 40 (1): 1 – 17.

Wang, W. S-Y. 1979. Language Change: A Lexical Perspective. *Annual Review of Anthropology*. 8. 353 – 371.

Wang, W. S. -Y. 1978. Explorations in Language Evolution. Diamond Jubilee Lecture, Osmania University, Hyderabad, India, Dec. 1978. Reprinted in William S. -Y. Wang. 1991. Explorations in Language. 105 – 131. Taipei: Pyramid Press.

Wang, William S. -Y. (ed) 1977. *Language Change*. Mouton.

Trubetskoy, N. S. *Principles of Phonology*, Berkeley: University of California Press, 1969.

Thurgood, Graham, 2002, Vietnamese and tonogenesis: Revising the model and the analysis, *Diachronica*, 19, 333 - 363.

Stockwell, Robert P. 1978. Perseverance in the English Vowel Shift. In J. Fisiak (ed.), *Recent Development in Historical Phonology*. The Hague: Mouton, 337 - 348.

Sprigg, R. K. 1978. Phonation types: a reappraisal. *Journal of International Phonetic Association*. 8: 2 - 17.

Sommerstein, Allan H. 1977. *Modern phonology*. Baltimore: University Park Press.

Small, Larry H. 1999. *Fundamentals of Phonetics: A Practical Guide for Students*. Boston: Allyn and Bacon.

Shoup J. E. & Larry L. Pfeifer. 1976. Acoustic characteristics of speech sounds. In *Contemporary Issues in Experimental Phonetics*. Ed. By N. J. Lass. Academic Press.

Shen, Z. W.; C. Wooters and W. S-Y. Wang 1987. Closure duration in the classification of stops: a statistical analysis. *Ohio State University Working Papers in Linguistics* 35, 197 - 209.

Shen, Ruiqing 2012. *Exploring Phonetic Properties of Northern Min, A Case Study of Shibei*, MPhil thesis, HKUST.

Shen, Jiaxuan 1993. Slips of the tongue and the syllable structure. In Yau, Shun-chiu (ed) *Essays on the Chinese Language*, Editions *Language Croises*.

Pike, Kenneth, Lee. 1975. *Phonemics: A Technique for Reducing Language to Writing. Renewed edition.* Ann Arbor: The University of Michigan Press. First published in 1947.

Ohala, John, 1997. The relation between phonetics and phonology. In W. J. Hardcastle and J. Laver (eds.) *The Handbook of Phonetic Sciences*, 674 - 694, Oxford: Blackwell.

Ohala, John 1989. Sound change is drawn from a pool of synchronic variation. L. E. Breivik & E. H. Jahr (eds.), *Language Change: Contributions to the Study of its Causes*. Berlin: Mouton de Gruyter. 173 - 198.

Martinet, A, 1949. *Phonology as Functional Phonetics*. Publications of the Philological Society XV. Oxford: Blackwell, 1955.

Maddieson, Ian, Universals of tone. 1978. In J. Greenberg (ed) *Universals of Human Languages*, 335 - 365, Stanford University Press.

Maddieson, Ian. 2013. "Tone" and "Glottalized Consonants". In: Dryer, Matthew S. & Haspelmath, Martin (eds.) *The World Atlas of Language Structures Online*. Leipzig: Max Planck Institute for Evolutionary Anthropology.

Maddieson, Ian. 1984 *Patterns of Sounds*. Cambridge University Press.

Lisker, Leigh and Arthur S. Abramson. 1964. A cross-linguistic study of voicing in initial stops: acoustical measurements. *Word 20: 3*, 384 - 422.

Laver, John. 1980. *The Phonetic Description of Voice Quality*. Cambridge University Press.

Laughlin, Fiona Mc 2005. Voiceless implosives in Seereer-Siin. *Journal of the International Phonetic Association* 35: 201 - 214.

Ladefoged, Peter & Morris Halle. 1988. Some major features of the International Phonetic Alphabet. *Language* 64. 3: 577 – 582.

Ladefoged, Peter & Ian Maddieson. 1996. *The Sounds of the World's Languages*. Oxford: Blackwell.

Ladefoged, Peter. 2006. *A Course in Phonetics*. 5th edition. Boston: Thomson Wadsworth.

Ladefoged, Peter. 1971. *Preliminaries to Linguistic Phonetics*. Chicago: The University of Chicago Press.

Ladefoged, Peter 1964. *A Phonetic Study of West African Languages: an auditory-instrumental survey.* Cambridge University Press.

Labov, William 1994. *Principals of Linguistic Change Vol I: Internal Factors*. Oxford: Blackwell.

Labov, William 1975. On the use of the present to explain the past. In L. Heilmann (ed), *Proceedings of the 11th International Congress of Linguistics*, 825 – 851. Bologna: Il Mulino.

Kagaya, Ryohei. 1974. A fiberscopic and acoustic study of the Korean stops, affricates and fricatives. *Journal of Phonetics* 2: 161: 180.

Jones, Daniel and Kwing Tong Woo. 1912. *A Cantonese Phonetic Reader*. University of London Press.

Jones, Daniel 1918. Manuscript on Thai phonetics. In Henderson, E. J. A. (1976). Thai phonetics sixty years ago: Gleanings from the unpublished notes of Daniel Jones. In *Tai linguistics in honor of Fang-kuei Li*, ed. by Thomas W. Gething, John G. Harris, and Pranee Kullavanijaya, 162 – 170. Bangkok: Chulalongkorn University.

IPA. 1999. *The Handbook of the International Phonetic Association: A guide to the use of the International Phonetic Alphabet.* Cambridge University Press.

Hollien, H. 1971. Three major vocal registers: a proposal. *Proceedings of the 7th International Congress of Phonetic Sciences.* Moutreal, pp. 320 – 331.

Hockett, Charles, *A course in linguistics.* New York: Macmillan, 1958.

Henderson, Eugéne J. A., The larynx and language: A missing dimension? *Phonetica*, 34, 1978, 256 – 263.

Henderson, Eugéne J. A., Grammar and tone in South-East Asian languages, *Wissenschaftliche Zeitschrift der Karl-Marx-Uniersität-Leipzig*, Desellschafts-und Sprachwissen-schaftliche Reihe, Parl /2, 1967, 171 – 178.

Hardcastle, William. 1973. Some observations on the tense-lax distinction in initial stops in Korean. *Journal of Phonetics* 1: 263 – 272.

Gwan, Julia Chin, 1971. Ch' ing Chiang Miao phonology. *Tsing Hua Journal of Chinese Studies*, New Series 9: 289 – 305.

Gandour, Jack, Potisuk, S., Ponglorpisit, S., & Dechongkit, S. (1991). Inter-and intraspeaker variability in fundamental frequency of Thai tones. *Speech Communication*, 10 (4), 355 – 372.

Djawanai, Stephanus. 1977 A description of the basic phonology of Nga'da and the treatment of borrowings. *NUSA linguistic studies in Indonesian and languages in Indonesia*, 5, 10 – 18.

Demolin, Didier, Hubert Ngonga-Ke-Mbembe, & Alain Soquet. 2002. Phonetic characteristics of an unexploded palatal implosive in Hendo. *Journal of the International Phonetic Association*, 32, 1－15.

Demolin, Didier 1995. The phonetics and phonology of glottalized consonants in Lendu. In Bruce Connell and Amalia Arvaniti (eds) *Phonology and Phonetic Evidence: Papers in Laboratory Phonology IV*. Cambridge University Press.

Dart, Sarah 1987. An aerodynamic study of Korean stop consonants: measurements and modeling. *Journal of the Acoustical Society of America* 81: 1, 138－147.

Dang, Jianwu and Kiyoshi Honda 1996. An improved vocal tract model of vowel production implementing piriform resonance and transvelar nasal coupling. In *Proc. ICSLP* 1996, Vol. 2, 965－968.

Cun, Xi. 2004. *The Phonetic Characteristics of Implosives in the Wuyang Dialect*. HKUST MPhil thesis.

Chomsky, Norm and Morris Halle. 1968. *The Sound Pattern of English*. New York: Harper & Row.

Chao, Yuen Ren 1968. *A Grammar of Spoken Chinese*. Berkeley: University of California Press.

Chao, Yuen Ren. 1936. Types of plosives in Chinese. *Proceedings of the 2nd International Congress of Phonetic Sciences*, 106－110. Cambridge University Press.

Chao, Yuen Ren. 1930. ə sɪstəm əv toun lɛtəz. *Le Maître Phonétique*. 45, 24－27.

Catford, John C. 1977. *Fundamental Problems in Phonetics*. Edinburgh University Press.

Bradley, Cornelius Beach. 1915. The Tone-Accents of Two Chinese Dialects. *Journal of the American Oriental Society*, Vol. 35:

199 - 206.

Bradley, Cornelius Beach 1911. Graphic Analysis of the Tone-accents of the Siamese Language. *Journal of the American Oriental Society* 31 (3): 282 - 289.

Bradley, Cornelius Beach. 1909. Graphical Analysis of the Siamese "tones". In *Transactions of the American Philosophical Association*, 40: xci - xcvii.

Bickley, Corine. 1981. Acoustic analysis and perception of breathy vowels. *MIT Speech Communication Working Papers*, Vol. 1. 71 - 81.

Anderson, Stephen R. 1981. "Why phonology isn't 'natural'." *Linguistic Inquiry* 12: 4, 493 - 539.

Abramson, A. S. 1962. *The vowels and tones of Standard Thai: Acoustical measurements and experiments*. Indiana University Research Center in Anthropology, Folklore, and Linguistics, Pub. 20. Bloomington.

跋

年五十而知四十九年非。（《淮南子》）

觉今是而昨非，实迷途其未远。（《归来去兮辞》）

跋就继续感慨。

听夫子说，他十五而有志于学，三十而立，四十而不惑，五十而知天命，六十耳顺，七十从心所欲不逾矩。

竹子开蒙晚，二十五始有志于音，五十而立。五十四不惑，五十五知天籁，五十六耳背，五十七欲从心而恐逾矩。

我生也不巧，识音计数已晚，加以悟性迟迟，年届五十始勉强而立。想起少年大胆敢笑五十之前不写书，到五十方知文科学问就是耐着性子磨——唉，这都日新月异的人工智能时代了，文科该不会命同旧学吧。

记得欲从心那年在那儿演讲，说到五十而立，方知四十九非，听众中一位尊长频频点头，赞许道："朱某人终于知道他以前做的都是错的。"

唯唯。颠扑不破的学问大梦进了中文系就已梦碎一地。几十年来，走走停停，做做改改，所幸总算悟出：若真识得今是而昨非，所走弯路则不算太远。

而今六十有五，发现《语音学》（2010）又是问题多多。要是有机会还那儿演讲，得说六十而知五十九非了。

道理上我明白，科学的进步体现在理论的嬗变上，所以我不该抱怨而该祈愿：欲从心能否嬗变为从心欲。

就这么踟蹰摸黑而行，恐怕到七十岁时又要感慨六十九非了。

朱晓农

2017－06－15 不知处